今日は
ワンプレートごはん

おうちで楽しむカフェごはん
洋風・和風・エスニック

幸せ気分がひろがる
スイーツ＆ドリンク

井上由香理 料理

成美堂出版

「今日はワンプレートごはんにする？」

大きめのプレートに、
いろいろな料理がのっているワンプレートごはん。
カフェのランチメニューや
ホテルのビュッフェで目にするスタイル。
まねしてみたいなって思ったこと、ありませんか？

作ってみれば意外にかんたん。
まずはシンプルな白いお皿がキャンバスです。
おかずとごはんやパンをひとつのお皿にまとめるだけで
いつもと違う新鮮な気分を楽しめるはず。

たとえばごはん。お茶碗をプレートに替えるだけでも
雰囲気がパッと変わります。
そんな新鮮な変化があれば、
毎日の食卓にも楽しい笑顔があふれそう。

それにワンプレートごはんって、
どんなジャンルの料理でもおしゃれに見えるんです。
盛りつけの工夫も楽しめるし、
何よりワンプレートでOKだから、後片づけがかんたん！
ぜひ、ワンプレートごはんを楽しんでみてください。

CONTENTS

- 2 「今日はワンプレートごはんにする？」
- 6 ワンプレートごはんのABC

- 8 **おうちで楽しむカフェごはん 洋風のワンプレートごはん**
- 10 ほうれん草とベーコンのキッシュとキャベツのアンチョビソース
- 12 フレンチトーストとブロッコリーサラダ
- 13 フォカッチャのホットサンドプレート
- 14 チキンとアボカドサンドイッチ
- 15 ふるふるオムライス・きのこソース
- 16 ローストチキンとじゃがいもグラタン
- 18 ラザニアと焼きなすのマリネ
- 20 ハンバーグのホイル包み焼きとベイクドポテトと玉ねぎ
- 22 鮭のムニエル、ホワイトソース
- 24 ボリュームサラダ
- 25 ローストポークと野菜のドレッシングあえ
- 26 ドライカレー
- 27 ステーキライスとオニオンリングフライ
- 28 いろいろおつまみワンプレート
- 30 ミックスフライとパスタ

- 34 **ほっこり味わう「和」 和風のワンプレートごはん**
- 36 ブリ照焼きと雑穀おむすび
- 38 根菜の和風炒めと納豆の揚げ包み焼きごはん
- 40 焼き魚とおむすびの朝ごはん
- 42 山いもねぎ焼きとかぼちゃのひき肉炒め煮
- 43 豚しゃぶおろしソースと梅じゃこごはん
- 44 鶏つくねの磯辺焼きとさつまいもごはん
- 46 チキン南蛮ととうもろこしごはん
- 48 肉みそうどんと水菜と大根のサラダ
- 49 そうめんの野菜あんかけ焼きそばとひじきと枝豆のポン酢あえ
- 50 いろいろ串揚げプレート
- 51 マグロねばねば丼とゆるゆる茶碗蒸し
- 52 サーモン寿司となすの揚げ煮
- 53 ポークソーセージとにがうりののっけごはん
- 54 おからコロッケとざるそば

※ この本で表記している大さじ1は15ml、小さじ1は5ml、1カップは200mlです。
※ 電子レンジの加熱時間は500Wの場合を目安にしています。同じ500Wでも、機種によって多少差がありますので、様子を見ながら加熱してください。600Wの場合は加熱時間を0.8倍してください。

- 56 **いろんな国を旅するように エスニック風のワンプレートごはん**
  - 58 タコキムチチャーハンとじゃがいものチヂミ
  - 60 豚肉のキムチ巻きとビビンバごはん
  - 62 ガパオライスとアサリのレモングラス蒸し
  - 64 タイ風さつま揚げとタイビーフンのオイスターソース炒め
  - 65 揚げ春巻きとベトナム風サラダ
  - 66 手作り中華風蒸しパンと牛肉のみそ炒め
  - 68 汁なし混ぜそば
  - 69 カレービーフン
  - 70 鶏と野菜のトマト煮、クスクスを添えて
  - 72 メキシコ風サラダ
  - 73 ジャンバラヤ
  - 74 ひき肉とグリーンピースのカレーとタンドリーチキン
  - 76 焼き餃子と卵チャーハンのチャイニーズプレート
  - 77 ザーサイピータン豆腐丼としそ巻きエビ天
  - 78 グリーンピースコロッケ入りピタサンド
  - 80 ナシゴレン
  - 81 海南チキンライス
  - 82 タコス

- 84 **幸せ気分がひろがる スイーツ＆ドリンク**
  - さつまいもモンブラン
  - 86 ふわふわパンケーキとローズヒップグレープフルーツティー
  - 87 アップルパイとミルクキューブ入りアイスコーヒー
  - 88 抹茶きな粉ゼリーとほうじ茶のカプチーノ風
  - 90 イルフロッタント
  - 91 巨峰のヨーグルトムース
  - 92 かぼちゃココナッツプリンとベトナムコーヒー
  - 93 タピオカココナッツパインパフェ
  - 94 マンゴーミルク／黒蜜豆乳ティー
  - 95 ハニージンジャー／ゆずはちみつ紅茶

- 96 残り物にちょっと工夫をするだけで新しいメニューができあがります。
- 100 もう１品足したいときにはコレをどうぞ
  作りおきおかず
- 104 「かわいい」をわが家に
  ワンプレートごはんに使いたいテーブルウエア
- 108 INDEX

- 32 Column1 卵料理いろいろ
- 55 Column2 おむすびいろいろ
- 83 Column3 豆料理でエスニック気分

おいしく、すてきに作るために…

ワンプレートごはんのABC

ワンプレートごはんに難しい決まりはありません。
でも、なんでもかんでも一緒に盛り合わせてしまうと、見た目も食べやすさもちょっぴりダウン。
食べやすくておしゃれな盛りつけのポイントや、
バランスのよいワンプレートごはんのコツをご紹介します。

A 栄養バランスを考えて

1枚のプレートの中に主菜、副菜、主食となる料理を盛り合わせるのが基本です。例えば写真下の和風のプレートごはんは、ブリの照焼きが主菜です。副菜には温野菜と野菜のあえもの。主食は雑穀のおむすび。たんぱく質、脂質、糖質にビタミン類や食物繊維もプラスされたヘルシープレートです。個々の栄養素がわからなくても、主菜に肉や魚など、副菜には野菜類、主食はごはんかパン、パスタ類などと考えればかんたんです。

B 器の工夫で食べやすく

汁気の多いものをワンプレートごはんにしたいときは、器の工夫が必要です。マリネや煮浸しなどは、小さな器に入れてプレートにのせてください。たれやソースを添えたいときも同様に。のせる器は、プレートと材質を揃えると違和感なく、すっきりまとまります。また、プレートと色を変えてコーディネートするのもおしゃれ。ガラスの小鉢などは、どんな材質のプレートとも相性がいいので、持っていると便利です。

※ P104〜107を参考にご覧ください。

C 常備菜が活躍します

ワンプレートごはんの楽しさは、小さなおかずが何種類ものっていること。盛りだくさんな雰囲気がうれしいものです。そこで活躍するのが常備菜。定番のきんぴらや切干大根でも、プレートにのせるとなぜかおしゃれに見えちゃいます。そんなところもワンプレートごはんのいいところ。ピクルスやマリネ、キムチなど、いろいろなジャンルで常備菜を作っておけば、和洋エスニック、どんなワンプレートごはんにも使えます。

※ P100〜103を参考にご覧ください。

おうちで楽しむカフェごはん

洋風のワンプレートごはん

おしゃれなカフェで出てくるような
かわいいワンプレートメニューを揃えました。
ゆったりブランチやとっておきのディナーにぴったり。
ほんの少しの手間で、素敵な食卓に変わるなら
ちょっぴり努力するのも悪くないね。

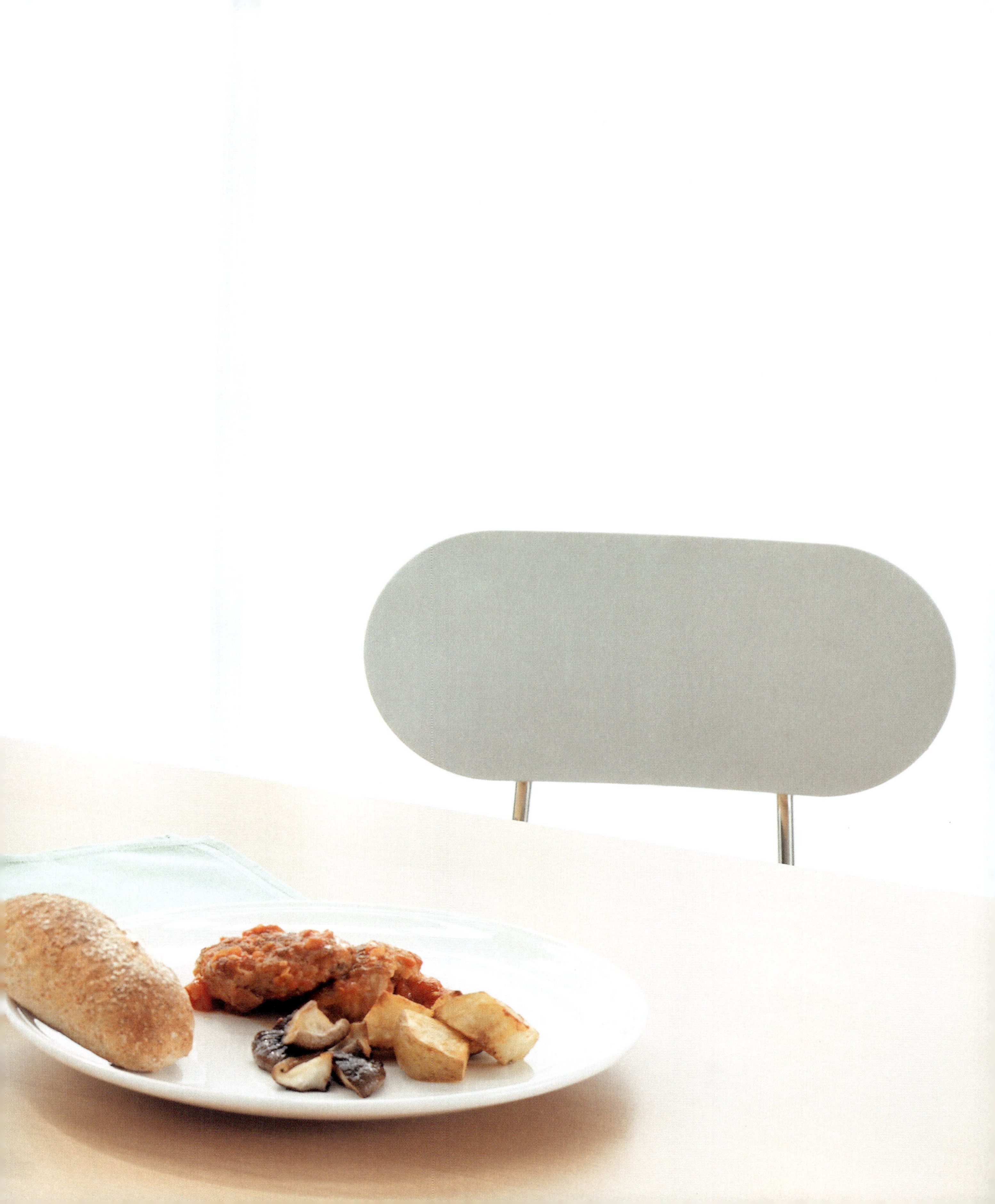

ほうれん草とベーコンのキッシュと
キャベツのアンチョビソース

休日のブランチやランチなら、ちょっぴり時間をかけてキッシュ作りも素敵です。
アンチョビがアクセントのキャベツを添えて。

ほうれん草とベーコンのキッシュ

材料（直径18cm、高さ4〜5cmの型1台分）

練りパイ生地
- バター…80g
- 薄力粉…150g
- 砂糖…小さじ1
- 卵黄…1/2個
- 水…大さじ2
- 打ち粉…適量

フィリング（具材）
- 玉ねぎ…1/2個
- 生しいたけ…3個
- ベーコン…2枚
- バター…小さじ1
- 塩、こしょう…各少々
- ほうれん草…1/2束

アパレイユ（キッシュの中の生地）
- 卵…2個
- 生クリーム…120ml
- 牛乳…120ml
- 塩…小さじ1/4
- 粗びきこしょう、ナツメグ…各少々

ピザ用チーズ…50g

冷やしておいたバターと薄力粉、砂糖を混ぜるときは、写真のような製菓用のカードを使うと手早くできます。

作り方

1. パイ生地を作る。バターは5mm角に切って冷やしておき、薄力粉、砂糖とともにボウルに入れ、カードまたはフォークで粉チーズのようになるまで全体を混ぜる。バターが溶けてきたらそのつど冷蔵庫で冷やしながら行う。
2. 1に卵黄と水を混ぜたものを散らすようにして加え、ざっくり切るように混ぜ、反対の手で押さえるようにしてなじませていく。
3. 多少粉っぽさが残っても大体ひとかたまりになったらラップに包み、冷蔵庫で30分以上休ませる。
4. 打ち粉を少々ふった台に3を置き、麺棒で伸ばしていく。硬いようならはじめは麺棒でたたきながら少しずつ伸ばす。左右から折りたたむことを2回ほど繰り返すとなめらかになる。
5. 4を3〜4mm厚さに伸ばし、型に敷いていく。余った分はナイフで切り取る。このまま冷蔵庫で15分ほど冷やす。
6. 5の内側にオーブンシートを敷き、重石をのせて、190℃に予熱したオーブンで20分焼く。重石を取り、170℃に下げて10分焼く。
7. フィリングを作る。玉ねぎ、しいたけ、ベーコンはスライスしてバターで炒め、塩、こしょうをしておく。ほうれん草はゆでて水気を切り、2cm幅に切っておく。
8. アパレイユを作る。ボウルに卵をほぐし、生クリーム、牛乳を加え混ぜ、塩、こしょう、ナツメグで調味する。
9. 6に7の半量とピザ用チーズの半量を重ね、もう一度繰り返す。8を型からあふれないくらいに注ぎ、170℃に予熱したオーブンで30〜40分焼く。途中焦げるようならホイルをかぶせる。型をゆすって、中心がゆれなくなり、指で押してみて固まっているようならオーブンから出す。型から取り出して切り分ける。

※型から取り出すときは、粗熱がとれてからにする。

キャベツのアンチョビソース

材料（2人分）
- キャベツ（あればやわらかい新キャベツ）…1/4個
- オリーブ油…大さじ1 1/2
- アンチョビ…3枚
- おろしにんにく…少々
- ケッパー…大さじ1/2
- レモン汁…小さじ1

作り方

1. キャベツは縦半分に切り、オリーブ油大さじ1/2を熱したフライパンでくずさないように両面を焼いて取り出し、プレートに盛る。
2. 1のフライパンに残りのオリーブ油と刻んだアンチョビ、おろしにんにくを入れて弱火にかける。香りがしてきたらケッパーとレモン汁を加えて火を止め、1のキャベツにかける。

フレンチトーストとブロッコリーサラダ
朝食やブランチの定番プレートです。
ヨーグルトを添えてさわやかに。

フレンチトースト

材料（2人分）

フランスパン…8cm
卵…1個
牛乳…80ml
バター…大さじ1/2
メープルシロップ…適量

作り方

1. フランスパンは2cm厚さに切る。
2. ボウルに卵を溶いて白身を切るようによく混ぜ、牛乳を加える。
3. 2に1のパンを3分くらい浸してしみ込ませる。
4. フライパンにバターを熱し、弱めの中火にして3を焦がさないように焼き、焼き色がついたら裏返し、中まで火を通して取り出す。
5. 器に盛ってメープルシロップをかける。

ブロッコリーとベーコンのサラダ

材料（2人分）

ブロッコリー…1/2株
ベーコン…2枚
オリーブ油…小さじ1
酢…小さじ2
塩、こしょう…各少々

作り方

1. ブロッコリーは小房に分け、塩少々を加えた熱湯でゆでておく。ベーコンは短冊切りにする。
2. 弱火で温めたフライパンにオリーブ油を入れ、ベーコンをカリカリに炒める。最後に酢と塩、こしょうをして、炒めた汁ごとブロッコリーにかける。

フルーツヨーグルト

材料（2人分）

プレーンヨーグルト…1カップ
バナナ…1/2本
キウイフルーツ…1/2個
砂糖…適量

作り方

1. ヨーグルトに食べやすく切ったフルーツを盛り、好みで砂糖をかける。

おうちで楽しむカフェごはん
洋風のワンプレートごはん

フレンチトーストと
ブロッコリーサラダ

フォカッチャの
ホットサンドプレート

フォカッチャのホットサンドプレート

オイルサーディンをはさんだホットサンドと、りんご入りのポテトサラダの組み合わせです。
オイルサーディンとフォカッチャの相性がバツグン！

フォカッチャのホットサンド

材料（2人分）
フォカッチャ…2個
玉ねぎ（スライス）…1/6個
オイルサーディン…6本
プチトマト（スライス）…4個
ピザ用チーズ…40g
ルッコラ…適量
塩、こしょう、オリーブ油…各少々

作り方
1. フォカッチャは厚みを半分に切り、オーブントースターで1分ほど焼く。
2. フォカッチャの下側1枚に玉ねぎ、オイルサーディン、プチトマトを並べ、ピザ用チーズを散らし、チーズが溶けるまで再び焼く。
3. ちぎったルッコラをはさみ、好みで塩、こしょう、オリーブ油をかける。

りんご入りポテトサラダ

材料（2人分）
じゃがいも…1個
酢…小さじ1
きゅうり…1/3本
玉ねぎ（スライス）…1/10個
りんご…1/6個
塩、こしょう…各少々
マヨネーズ…大さじ2
グリーンカール…2枚

作り方
1. じゃがいもは皮ごと半分に切ってラップをかけ、電子レンジで2分加熱。火が通ったら熱いうちに皮をむき、1.5cm角に切り、酢、塩、こしょうで下味をつけ、冷ましておく。
2. 薄切りにしたきゅうりと玉ねぎは、それぞれ塩少々をふり、水気を絞る。
3. りんごは5mm角の棒状に切り、色が変わらないうちに1、2とともにマヨネーズ、塩、こしょうと混ぜる。
4. グリーンカールの上に3を盛りつける。

チキンとアボカドサンドイッチ

材料（2人分）
鶏胸肉…1/2枚
A
  塩…2つまみ
  こしょう…少々
  ミックスハーブ…1つまみ
  オリーブ油…小さじ1
パン（雑穀入りのもの）…4枚
マヨネーズ…大さじ1
カッテージチーズ（裏ごしタイプ）…50g
トマト（スライス）…1個
アボカド（スライス）…1/2個
アルファルファ…40g

作り方
1. 鶏肉はAをもみ込み、10分ほどおいて、フライパンで皮側から中火で焼いていく。
2. すぐに返さずしっかり焼き色がついたら返して弱火にし、中まで火を通す。取り出したらアルミホイルをかけて5分休ませ、4～5mm厚さのそぎ切りにする。
3. パン2枚の片面にはマヨネーズを、残り2枚の片面にはカッテージチーズを塗る。
4. カッテージチーズを塗ったパンの上にトマト、アボカド、2の鶏肉、アルファルファを重ねて、マヨネーズを塗ったパンを重ねる。

フライドポテト

材料（2人分）
じゃがいも…大1個
揚げ油…適量
塩…少々
マスタード（好みで）…適量

作り方
1. じゃがいもは皮をむいてラップをかけ、電子レンジで2分加熱。1cm角の棒状に切る。
2. 180℃に熱した油でじゃがいもを揚げる。きつね色になり、表面がカリッとしたら取り出し、油を切って塩をふる。好みでマスタードを添える。

チキンとアボカドサンドイッチ

ヘルシーでおなかも満足のサンドイッチなら、ランチにぴったり。

おうちで楽しむカフェごはん
洋風のワンプレートごはん

チキンとアボカドサンドイッチ
ふるふるオムライス・
きのこソース

ふるふるオムライス・きのこソース

材料（2人分）

チキンライス
- 鶏胸肉…120g
- バター…大さじ2
- 玉ねぎ（スライス）…1/4個
- 塩、こしょう…各少々
- ケチャップ…大さじ3
- コンソメスープの素（顆粒）…1つまみ
- ごはん…300g（茶碗2杯分）
- 卵…4個

きのこソース
- 玉ねぎ（スライス）…1/4個
- バター…大さじ1/2
- 生しいたけ…4個
- しめじ…1/2パック
- エリンギ…1本
- 水…1/4カップ
- デミグラスソース…70g

クレソン…適量

作り方

1. きのこソースを作る。フライパンに玉ねぎをバターでしんなりするまで炒める。それぞれ石づきを取って食べやすく切ったきのこを加えて炒めたら、水、デミグラスソースを加える。
2. 全体がなじむまで5〜6分煮る。
3. チキンライスを作る。鶏肉は1cm角に切り、フライパンにバター大さじ1を熱し、玉ねぎとともに炒める。バターがまわってしんなりとしたら、塩、こしょう、ケチャップ、スープの素、水大さじ2（分量外）を加える。
4. 全体がふつふつとしたらごはんを加えて切るように混ぜる。茶碗のような器に入れて皿に返す。
5. 卵をボウルに割り入れて白身を切るように混ぜ、塩、こしょうをする。
6. フライパンを温め、残りのバターの半量を溶かしたら、5の半量を流して、外側から内側に向かって混ぜ、半熟状に固まったら4の上にのせる。残りも同様に焼く。
7. 2をかけてクレソンを添える。

いちじくのコンポート

材料（2人分）
- いちじく…4個
- **A**
  - 白ワイン…大さじ3
  - レモン汁…大さじ1/2
  - 砂糖…大さじ3
  - 水…1カップ

作り方

1. いちじくがぴったり入るくらいの小さめの鍋にAを加えて火にかける。
2. 沸騰して、砂糖が溶けたらいちじくを皮のまま加える。クッキングシートなどで落としぶたをして、ふつふつする程度の火加減で5〜6分煮て火を止め、粗熱が取れたら冷やしておく。

ふるふるオムライス・きのこソース

ふわっと半熟に仕上げた卵が決め手のオムライスに、デミグラスソースベースのきのこソースを添えました。

ローストチキンとじゃがいもグラタン

表面をカリッと焼いたチキンとクリーミーなじゃがいもの相性がぴったり。
温野菜と好みのパンを添えて、おしゃれなワンプレートディナーに。

おうちで楽しむカフェごはん
洋風のワンプレートごはん

ローストチキンと
じゃがいもグラタン

ローストチキン

材料（2人分）
鶏もも肉…1枚
A
　塩…小さじ1/3
　こしょう…少々
　ミックスハーブ…1つまみ
小麦粉…大さじ1
オリーブ油…大さじ1/2
にんにく…2かけ
粒マスタード…適量

作り方
1. 鶏肉は4等分に切り、Aをもみ込み、30分おく。
2. 1の鶏肉に小麦粉を薄くまぶし、中火で熱したフライパンにオリーブ油を入れて皮の面から焼く。薄皮ごとつぶしたにんにくも一緒に加える。
3. 鶏肉の皮がきつね色になったら返し、火を弱めて中まで火を通す。
4. 焼けたにんにくとともに器に盛り、粒マスタードを添える。

皮目から入れたらあまり動かさずに焼き、こんがりときつね色になったら裏返します。

温野菜蒸し煮

材料（2人分）
玉ねぎ…1/4個
ミニにんじん…3本（なければ、にんじん1/2本）
いんげん…2本
カリフラワー…60g
ブロッコリー…50g
ブイヨン…1/3カップ
塩、こしょう…各少々
オリーブ油…小さじ1

作り方
1. 玉ねぎはくし形切りに、にんじん、いんげんは長さを半分に切り、カリフラワーとブロッコリーは小房に分ける。
2. 鍋に玉ねぎ、にんじん、カリフラワーとブイヨンを入れてふたをし、火にかける。沸騰したら中火にして3分ほど煮、ブロッコリーといんげんも加えてさらに2分煮る。塩、こしょう、オリーブ油をふりかけて調味する。
※途中煮汁がなくなってくるので焦がさないよう注意。

じゃがいもグラタン

材料（2人分）
玉ねぎ…1/4個
ベーコン…1枚
じゃがいも…2個
バター…小さじ1
塩、こしょう、ナツメグ…各少々
ピザ用チーズ…50g
生クリーム…1/3カップ

作り方
1. 玉ねぎは薄切りに、ベーコンは短冊切りにしてバターで焦がさないように炒め、塩、こしょうしておく。
2. じゃがいもは皮をむいてなるべく薄い輪切りにする。耐熱容器に、じゃがいもの1/3を並べ、塩、こしょう、ナツメグをふり、1の半量、チーズの1/3量を重ねる。これを繰り返して、最後にチーズをかける。
3. ラップをチーズに触れないようふんわりとかけ、電子レンジで3分加熱。中心に串をさしてすっと入るようになったら、生クリームを注ぎ、オーブントースターに入れて表面に焼き色がつくまで加熱する。
4. 大きなスプーンですくって皿に盛る。

じゃがいもと玉ねぎ、ベーコン炒めを3層に重ねていきます。ホワイトソースを作らないのでかんたんです。

arrange note

じゃがいもグラタンの具材は、ベーコン以外にもいろいろ楽しめます。たとえばアンチョビやコンビーフなどでも違ったおいしさを味わうことができます。ひとつのレシピをマスターしたら、オリジナルのアイデアで、バリエーションを広げてみるのも、料理の楽しさのひとつです。ぜひ、ためしてみて。

ラザニアと焼きなすのマリネ

ホワイトソースとミートソースをはさんだラザニアはとてもまろやか。
カジュアルイタリアンメニューです。

ラザニア

材料（10×18cmくらいの耐熱容器1台分）
ラザニア…6枚
ミートソース（手作りの場合は右参照）…1 1/2カップ
- ホワイトソース
  - バター…大さじ2
  - 薄力粉…大さじ2
  - 牛乳…250～300ml
  - 塩、こしょう…各少々
ピザ用チーズ…30g

作り方
1. ホワイトソースを作る。鍋にバターを入れて弱めの中火にかけ溶かす。そこへ薄力粉をふり入れ、焦がさないようによく炒める。
2. 粉っぽさがなくなったら火を止め、冷たい牛乳の半量を加え、泡立て器を使ってよく混ぜる。残りの牛乳も加えて混ぜたら、再び火にかけ、木べらで鍋底をこするようにして中火で加熱する。
3. まわりがふつふつしてとろりとしてきたら塩、こしょうで調味して火を止める。
4. 湯を沸かして塩とサラダ油少々（分量外）を加えたところにラザニアを入れてゆで、ざるに上げて湯をきる。
5. 耐熱容器にミートソースの1/3を広げ、ラザニアを2枚広げる。さらに同量のミートソース、ホワイトソースの1/3を重ね、再びラザニアを2枚広げて重ねる。もう一度繰り返す。
6. 最後にラザニアをのせたら残りのホワイトソースを塗り、チーズを散らす。
7. 6をオーブントースターかグリルで焦げ目がつくまで焼き、半分に切り分けて盛りつける。

外国製のチーズの木箱が活躍

大きなスーパーやデパ地下のチーズコーナーに行くと、かわいい木箱入りのチーズが並んでいます。チーズを食べ終わったら、食卓回りの小物入れにするのもかわいいですよ。たとえばペーパーナプキンを入れて、おもてなしのテーブルにそのままおいてもすてきです。

ミートソース

材料（作りやすい分量）
合びき肉…200g
玉ねぎ（みじん切り）…1個
にんにく（みじん切り）…1かけ分
オリーブ油…大さじ1
トマト水煮缶…1カップ
- A
  - コンソメスープの素（顆粒）…小さじ1
  - トマトケチャップ…大さじ2
  - ローリエ…1枚
  - オレガノ…小さじ1/3
塩、こしょう…各少々

作り方
1. 鍋ににんにくとオリーブ油を入れて中火にかける。香りがしてきたらひき肉を加え、ぱらぱらになるまで炒める。
2. 玉ねぎを加えたらしんなりするまでよく炒め、トマトの水煮と水1/2カップ（分量外）を加え、沸騰したらあくを取る。
3. Aを加える。とろりとするまで15分ほど煮詰め、塩、こしょうで調味する。

焼きなすのマリネ

材料（2人分）
なす…2本
- A
  - 塩、こしょう…各少々
  - レモン汁…小さじ1
  - オリーブ油…小さじ2
トマト…1/4個
バジルの葉…3枚
ケッパー…大さじ1/2
ブラックオリーブ…4個

作り方
1. なすははかまを取り、6～7mm厚さに切り、何もひかないフライパンで両面を焼く。箸でつまんでやわらかくなったら取り出す。Aをかけてマリネする。
2. 刻んだトマト、バジル、ケッパー、オリーブとともに盛りつける。

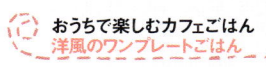

おうちで楽しむカフェごはん
洋風のワンプレートごはん
ラザニアと焼きなすのマリネ

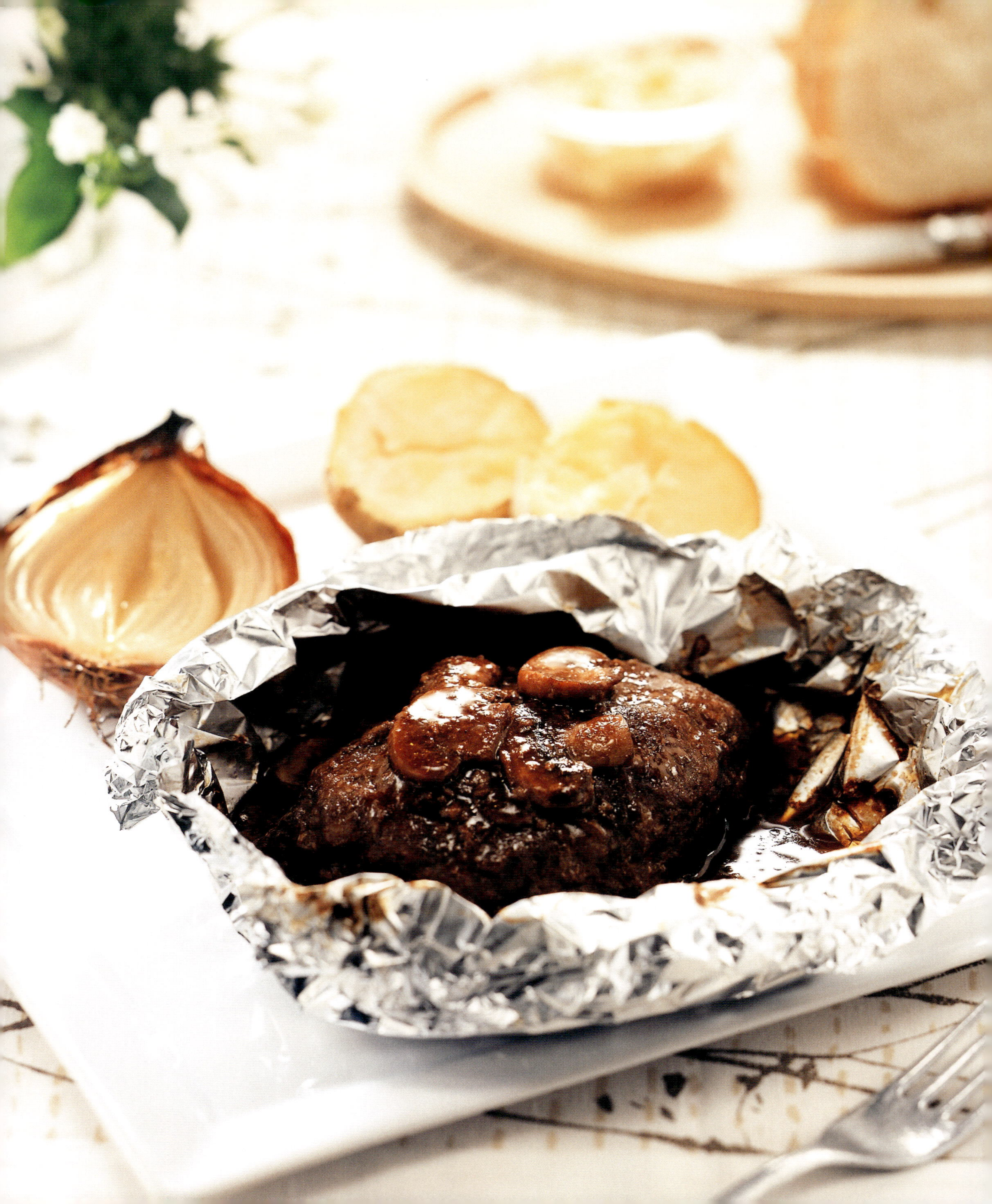

ハンバーグのホイル包み焼きと
ベイクドポテトと玉ねぎ

ホイルで包むとハンバーグがよりふっくら。
じゅわっと流れる肉汁ごとめしあがれ。

ハンバーグのホイル包み焼き

材料（2人分）
玉ねぎ…1/4個
バター…小さじ1
パン粉…1/4カップ
牛乳…大さじ1
A
　牛ひき肉…250g
　卵…S1個
　塩…小さじ1/3
　こしょう、ナツメグ…各少々
サラダ油…大さじ1/2
ソース
　マッシュルーム…4個
　赤ワイン…1/4カップ
　デミグラスソース…1/3カップ
　塩、こしょう…各少々

作り方
1. 玉ねぎはみじん切りにして、バターでしんなりするまで炒め、冷ましておく。パン粉には牛乳をかけておく。
2. ボウルにAを入れて粘りが出るまでよく混ぜる。
3. 1を加え、まとまるまでよく混ぜる。
4. 3を半分にし、手のひらに油少々（分量外）をつけて、小判形にととのえる。
5. フライパンにサラダ油を熱し、4を焼く。表面に焼き目をつけて取り出す。
6. ソースを作る。5のフライパンの余計な油をとり、薄切りにしたマッシュルームを炒め、ワインを加える。1/3程度に煮詰まったらデミグラスソースを加え、塩、こしょうで調味する。
7. アルミホイルを30cmほど2枚切って5のハンバーグを1つずつのせ、6をかけて包む。
8. 7を右のじゃがいもと玉ねぎとともに天板に並べオーブンまたはオーブントースターで10分ほど焼く。

ベイクドポテトと玉ねぎ

材料（2人分）
じゃがいも…中2個
玉ねぎ…中1個
塩…少々
オリーブ油…小さじ1

作り方
1. じゃがいもは洗い、玉ねぎはそのまま耐熱皿に並べ、ラップをかけて電子レンジで約5分加熱する。
2. じゃがいもに火が通っていたら取り出す。じゃがいもはまん中に切れ目を入れて塩をふり、玉ねぎは半分に切って断面に塩とオリーブ油をふる。ハンバーグと一緒にオーブンまたはオーブントースターに入れて焼く。

焼き上がったハンバーグはホイルで包んだまま器に盛りつけます。熱いので気をつけてくださいね。

鮭のムニエル、ホワイトソース

よ〜く炒めた玉ねぎに生クリームを加えて作るかんたんホワイトソースで、鮭のムニエルを
おしゃれにアレンジしました。カラフルな野菜とスープも添えてボリュームもOK。

22

鮭のムニエル、ホワイトソース

材料（2人分）
鮭切り身…2切れ
塩、こしょう…各少々
小麦粉…大さじ1/2
バター…大さじ1/2
サラダ油…大さじ1/2
- **ホワイトソース**
  - 玉ねぎ（みじん切り）…1/4個
  - 小麦粉…小さじ1
  - 白ワイン…60ml
  - ブイヨン…1/2カップ
  - 生クリーム…60ml
  - 塩、こしょう…各少々
ペンネ…100g
オリーブ油…小さじ1
イタリアンパセリ（みじん切り、飾り用）…各少々

作り方
1. 鮭は皮と骨をそぎ取って半分に切り、塩、こしょうで下味をつけ、小麦粉を薄くまぶす。
2. フライパンを中火で温め、バターとサラダ油で鮭を焦がさないように焼く。両面焼いて中まで火が通ったら取り出してホイルをかけて保温しておく。
3. ペンネは熱湯に塩を加えてゆで始める。
4. ホワイトソースを作る。2のフライパンに玉ねぎを加えて、しんなりと透き通るまで炒める。小麦粉をふり入れ、粉っぽさがなくなるまで炒めたら、白ワインを加える。沸騰してワインのアルコール分が飛んだら、ブイヨンを加え、軽く煮詰める。
5. 最後に生クリームを加えて塩、こしょうで調味する。
6. ゆで上がったペンネは、オリーブ油とイタリアンパセリのみじん切りであえて器に盛りつけ、鮭をのせ、5のソースをかける。イタリアンパセリを飾る。

鮭を焼いてうまみが残るフライパンで玉ねぎを炒め、生クリームを加えます。コクとうまみもしっかりある、かんたんホワイトソースです。

マリネ野菜のグリル焼き

材料（2人分）
パプリカ（赤、黄）…各1/2個
ズッキーニ…1/2本
- **A**
  - 塩、こしょう…各少々
  - ミックスハーブ（ドライ）…小さじ1/2
  - オリーブ油…大さじ1/2
レモン汁…小さじ1

作り方
1. パプリカはそれぞれ一口大に切り、ズッキーニは5mm厚さに切る。
2. ボウルに入れてAを加えてからめる。
3. 魚焼きグリルか、オーブントースターにアルミホイルを敷き、2を並べて焼く。両面を焼いて軽く焼き目がついたら取り出し、レモン汁をふりかける。

野菜スープ

材料（2人分）
玉ねぎ…1/4個
セロリ…1/2本
ベーコン…1枚
トマト…1/2個
オリーブ油…小さじ1
水…2カップ
コンソメスープの素（顆粒）…小さじ1
塩、こしょう…各少々

作り方
1. 玉ねぎ、セロリは薄切りに、ベーコンは短冊切りに、トマトはざく切りにしておく。
2. 鍋にオリーブ油とベーコンを入れて火にかける。ベーコンから脂が出てきたら玉ねぎとセロリを加え、透き通るまで炒め、水とスープの素を加える。
3. 沸騰したらあくを取り、2～3分中火で煮てトマトを加える。再び沸騰したら、塩、こしょうで調味し、器に盛る。

ボリュームサラダ

とにかく野菜をたくさん食べたい、そんなときはコレ。
オリーブやアンチョビを加えて味に深みをプラスします。

材料（2人分）

A
├ ロメインレタス（なければレタス）…3枚
├ サニーレタス…2枚
└ ベルギーチコリ…小1個
玉ねぎ…1/4個
いんげん…4本
じゃがいも…1個
トマト…1個
ゆで卵…2個
ハム…4枚
塩、こしょう…各少々

ドレッシング
├ 酢…大さじ1/2
├ マスタード…大さじ1/2
├ おろしにんにく…少々
├ 塩…小さじ1/2
├ こしょう…少々
└ オリーブ油…大さじ3
バゲット…6cm
オリーブ油…少々
アンチョビ…4本
グリーンオリーブ…8個

作り方

1 Aは食べやすい大きさにちぎり、玉ねぎは薄切りにして冷水につけてパリッとさせ、水気を切る。いんげんはゆでる。じゃがいもは皮つきのまま半分に切ってラップをし、電子レンジで2分加熱。熱いうちに皮をむき、一口大に切って塩、こしょうをしておく。トマト、ゆで卵はくし形切りに。ハムは半分に切る。

2 ドレッシングを作る。ボウルにオリーブ油以外のドレッシングの材料を入れて混ぜ、オリーブ油を少しずつ加え混ぜる。

3 バゲットは1.5cm厚さの斜め切りにしてトーストし、オリーブ油をかける。

4 器に1をきれいに盛りつけ、ちぎったアンチョビ、オリーブを散らし、3を添え、2をかける。

おうちで楽しむカフェごはん
洋風のワンプレートごはん

ボリュームサラダ
ローストポークと
野菜のドレッシングあえ

ローストポーク

材料（2人分）
豚ロース肉（とんかつ用）…2枚
塩…小さじ1/4
こしょう…少々
サラダ油…小さじ1
┌ **玉ねぎソース**
│ 玉ねぎ（スライス）…1/2個
│ バター…大さじ1/2
│ ブイヨン…1/3カップ
│ 塩、こしょう…各少々
└ しょうゆ…小さじ1/2

作り方
1. 豚肉は筋切りをして、塩、こしょうをふる。フライパンにサラダ油を熱して表になるほうを下にして焼いていく。すぐに返さずきつね色の焼き色がついたら返し、火を弱めて中まで火を通す。取り出してアルミホイルをかけて保温しておく。
2. 玉ねぎソースを作る。1のフライパンにバターを溶かし、軽く焦げてきたら玉ねぎを加えて炒める。透き通ってしんなりとしてきたら、ブイヨンを加える。汁気がなくなるまで煮詰めたら塩、こしょう、しょうゆで調味。保温しておいた豚肉から出た汁も加える。
3. 豚肉を皿に盛り、2をかける。

野菜のドレッシングあえ

材料（2人分）
にんじん…1/3本
きゅうり…1/2本
じゃがいも…1/2個
ビーツ缶詰…60g
塩…適量
パセリ（みじん切り）…少々
┌ **ドレッシング**
│ フレンチマスタード…小さじ1
│ レモン汁…大さじ1/2
│ 酢…大さじ1
│ 塩…小さじ1/4
│ こしょう…少々
└ オリーブ油…大さじ2

作り方
1. にんじんは2mm幅のせん切りに、きゅうりは皮を縞になるようにむいて薄切りにし、それぞれ塩1つまみをふり、しんなりするまで5分ほどおく。じゃがいもは皮ごと半分に切り塩1つまみをふり、ラップをかけて電子レンジで1分半加熱、皮をむき、一口大に切る。
2. ドレッシングの材料のオリーブ油以外をボウルに混ぜ、オリーブ油を少しずつ加える。
3. 1とビーツ、それぞれをドレッシングであえる。じゃがいもにはパセリを加える。

ローストポークと野菜のドレッシングあえ

つけ合わせにひと工夫したローストポークです。
サラダを色別に並べるだけで、ちょっとおしゃれな一皿に。
好みのパンを添えてめし上がれ。

ドライカレー

ひき肉ベースのドライカレーは、野菜のピクルスを添えてイギリス風のアレンジに。

ドライカレー

材料（2人分）

- A
  - 玉ねぎ…1個
  - にんじん…1/2本
  - ピーマン…1個
  - セロリ…1/3本
- にんにく…1かけ
- しょうが…1かけ
- サラダ油…大さじ1
- 合びき肉…200g
- カレー粉…大さじ2
- トマト…1個
- 水…1カップ
- コンソメスープの素…1個
- 塩…小さじ1/3
- 米…1合
- ターメリック…大さじ1/2
- スライスアーモンド…大さじ1
- ココナッツ…大さじ1

作り方

1. Aとにんにく、しょうがはすべてみじん切りにする。
2. フライパンに1のにんにく、しょうが、サラダ油を入れて火にかける。香りがしてきたらひき肉を加え、ぽろぽろになるまで炒める。
3. 2にAを加えて、しんなりするまで炒める。
4. カレー粉を加えて炒めたら、ヘタを取ってつぶしたトマトを加え、トマトの形がなくなったら水とスープの素を加えて中火で煮る。
5. 10分ほど煮て水分がなくなり、へらで鍋底をこすると底が見える状態になったら、塩で調味する。
6. 米は洗って炊飯器にセットし、分量の水を加え、ターメリックをふり入れて混ぜ、炊いておく。アーモンドとココナッツはオーブントースターかフライパンで乾煎りしておく（ココナッツは焦げやすいので注意）。
7. 器にターメリックライスを盛り、5をかけ、アーモンドとココナッツを散らす。

ピクルス

材料（2人分）

- パプリカ（赤、黄）…各1/4個
- セロリ…1/3本
- きゅうり…1/2本
- すし酢…大さじ2

作り方

1. 野菜は食べやすく切る。耐熱容器に入れて電子レンジで1分加熱し、温かいうちにすし酢をかけて全体をあえ、10分ほどおく。

おうちで楽しむカフェごはん
洋風のワンプレートごはん

ドライカレー
ステーキライスと
オニオンリングフライ

ステーキライスとオニオンリングフライ

サイコロステーキがゴロゴロ入ったごちそうプレートです。
バターとしょうゆの風味が食欲を誘います！

ステーキライス

材料（2人分）
- ステーキ用牛肉…1枚（120～150g）
- 塩、粗びき黒こしょう…各少々
- サラダ油…小さじ1
- バター…大さじ1
- にんにく（スライス）…1かけ
- ごはん…300g（茶碗2杯分）
- しょうゆ…小さじ1
- 万能ねぎ（小口切り）…3本
- クレソン…適量

作り方
1. 牛肉の両面に塩、こしょうをふる。フライパンを温め、サラダ油、バター、にんにくを入れ、バターが溶けたら牛肉を焼く。
2. 肉の片面に焼き色がついたら返して両面焼き、にんにくとともに取り出す。牛肉は1.5cm角に切る。
3. 2のフライパンに温かいごはんを入れ、焼き汁をからめるように炒め、2の牛肉を加える。最後に塩、こしょう、しょうゆで調味し、万能ねぎとにんにくを散らして器に盛る。クレソンを添える。

オニオンリングフライ

材料（2人分）
- 玉ねぎ…1/2個
- 薄力粉…大さじ1/2
- 衣
  - 薄力粉…50g
  - 片栗粉…大さじ1
  - ベーキングパウダー…小さじ1
  - 塩…小さじ1/4
  - 砂糖…小さじ1
  - 水…大さじ3 1/2
  - サラダ油…小さじ1
- 揚げ油…適量

作り方
1. 玉ねぎは1cm厚さの輪切りにして、2～3片ずつにはがしておく。
2. ボウルに衣の材料を入れ、だまにならないように混ぜる。
3. 玉ねぎに薄力粉を薄くまぶしてから2の衣にくぐらせ、170℃に熱した油で揚げる。油を切って盛りつける。

野菜のごまマヨネーズ

材料（2人分）
- 大根…100g
- パプリカ（オレンジ）…1/4個
- いんげん…3本
- マヨネーズ…大さじ1 1/2
- 黒すりごま…大さじ1

作り方
1. 大根とパプリカは縦の棒状に切る。いんげんはゆでて半分に切る。
2. マヨネーズと黒すりごまを混ぜ合わせたものを添える。

いろいろおつまみワンプレート

具だくさんオムレツをはじめ、
おつまみ風の小さなおかずを集めたプレートです。
お酒が進みそう。

具だくさんオムレツ

材料（2人分）
ハム…1枚
パプリカ（赤）…1/8個
ピーマン…1/4個
玉ねぎ…1/8個
オリーブ油…小さじ2
卵…1個
塩、こしょう…各少々

作り方
1. ハム、パプリカ、ピーマンは1cm角に切り、玉ねぎはみじん切りにする。
2. フライパンにオリーブ油小さじ1を熱し、玉ねぎを炒め、透き通ったら残りの1を加えて炒め、塩、こしょうをする。
3. ボウルに卵を溶いて塩、こしょうで調味し、2を熱いまま加える。
4. 小さめのフライパンを熱し、残りのオリーブ油で3を強火で焼く。全体をかき混ぜて半熟状になったらひとまとめにし、弱火にして返して中まで火を通し、食べやすく切る。

イカのトマト煮

材料（2人分）
やりイカ…小1杯
塩、こしょう…各少々
にんにく（みじん切り）…1/2かけ
オリーブ油…小さじ1
トマトソース（作り方はP.31を参照）…1/2カップ
チャービル…少々

作り方
1. イカは内臓を取り除いてきれいに洗い、胴は1.5cm幅の輪切りにして、足は食べやすい大きさに切り、塩、こしょうで下味をつける。
2. フライパンににんにくとオリーブ油を入れて火にかけ、香りがしてきたらイカを加える。
3. イカの色が変わったらトマトソースを加えてさっと煮る。塩、こしょうで味をととのえる。器に盛ってチャービルをのせる。

ズッキーニのクリームチーズサンド揚げ

材料（2人分）
ズッキーニ…1/2本
クリームチーズ…30〜40g
おろしにんにく…少々
てんぷら粉…大さじ2
塩、砂糖…各少々
水…大さじ2
揚げ油…適量

作り方
1. ズッキーニは5mm厚さに切る。クリームチーズにおろしにんにくを混ぜ、ズッキーニの片面に塗り、もう一枚ではさむ。同じものをもうひとつ作る。
2. 1にてんぷら粉少々をふり、残りのてんぷら粉に塩と砂糖、水を加えて溶いたものをつけて、170℃に熱した揚げ油で、からりと揚げる。

カジキのベーコン巻き

材料（2人分）
カジキ…1/2切れ
塩、こしょう…各少々
ベーコン…1枚
オリーブ油…小さじ1

作り方
1. カジキは半分に切り、塩、こしょうで下味をつけ、半分に切ったベーコンを巻く。
2. オリーブ油でベーコンの巻き終わりを下にして、弱めの中火で焼き、カジキに火が通ったら器に盛る。

※オリーブやグリッシーニ、好みのパンを添えてどうぞ。

おうちで楽しむカフェごはん
洋風のワンプレートごはん
いろいろおつまみワンプレート

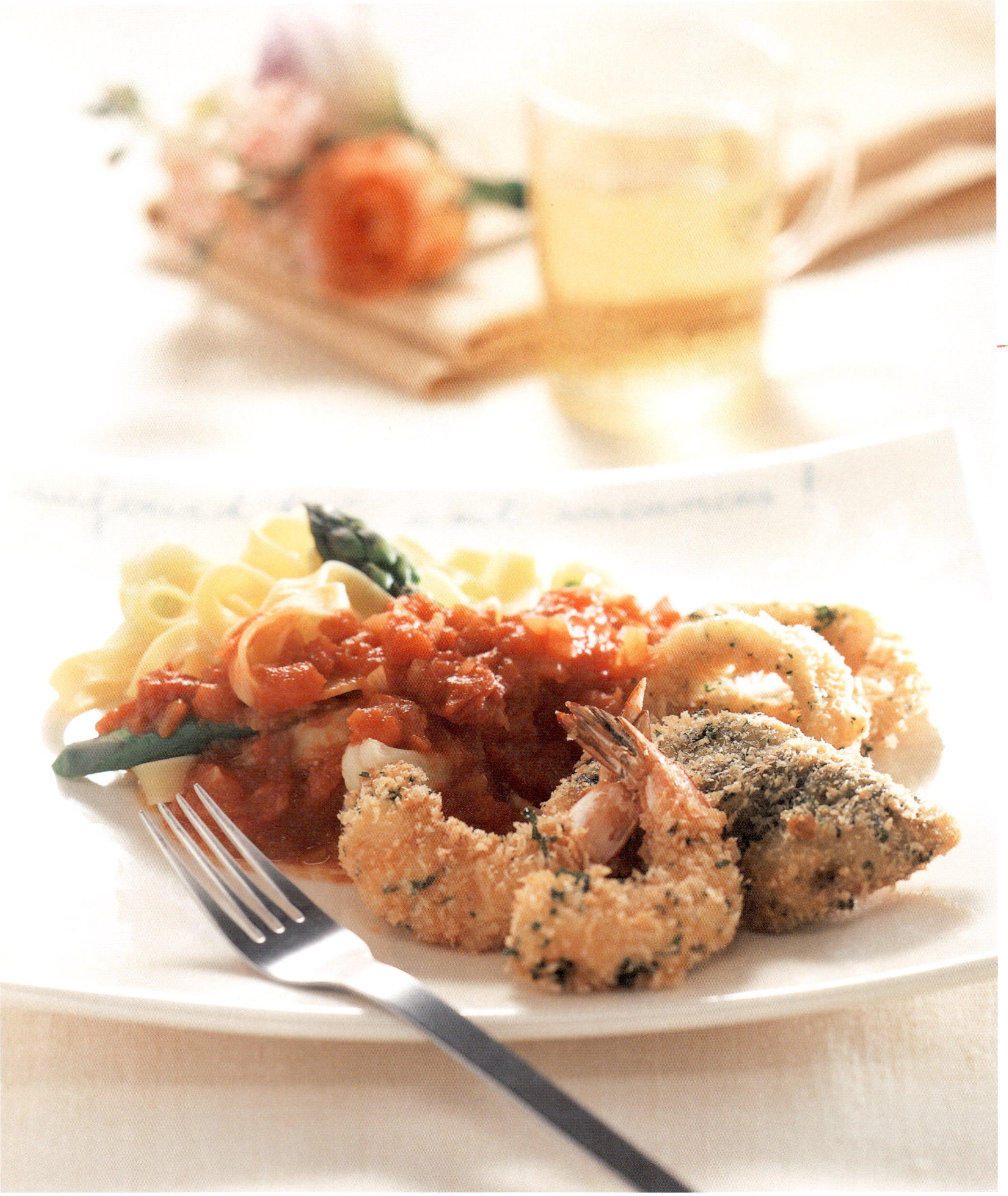

ミックスフライとパスタ

パセリ入りの衣で揚げたさっくりフライとトマトソースのパスタです。
おしゃれでボリュームもたっぷり。

ミックスフライ

材料（2人分）
エビ…4尾
イカ…1/2杯
白身魚（タラなど）…1切れ
塩、こしょう…各少々
バジルペースト…小さじ1
小麦粉…適量
溶き卵…適量
パセリ（みじん切り）…大さじ1/2
パン粉…適量
揚げ油…適量

作り方
1. エビは尾を残して殻をむき、背ワタを取る。イカは皮をむき、1cm幅の輪切りに、白身魚は皮を取って半分に切り、小骨を取る。それぞれに塩、こしょうで下味をつけ、魚には片面にバジルペーストを塗る。
2. 1に、小麦粉、溶き卵、パセリを混ぜたパン粉を順につける。
3. 2を170℃に熱した油できつね色に揚げ、油を切る。

トマトソースのパスタ

材料（2人分）
フェットチーネ…100g
カリフラワー…100g
グリーンアスパラ…2本
オリーブ油…小さじ1
トマトソース
　玉ねぎ…1/2個
　にんにく…1かけ
　オリーブ油…大さじ1
　トマト水煮缶…1缶
　オレガノ（ドライ）…小さじ1/2
　塩…小さじ1/3
　こしょう…少々

作り方
1. トマトソースを作る。玉ねぎ、にんにくはみじん切りに。鍋ににんにくとオリーブ油を入れて中火にかけ、香りがしてきたら玉ねぎを加える。透き通ってしんなりとしたらトマト缶とオレガノを加える。
2. 弱火で15分ほど煮込み、塩、こしょうで調味しておく。すっぱいようなら砂糖1つまみ（分量外）を加える。
3. パスタをゆでる。鍋にたっぷりの湯を沸かして塩少々（分量外）を加え、フェットチーネを入れる。全体を混ぜてほぐし、そのままゆで、ゆで上がる2分ほど前に小房に分けたカリフラワー、グリーンアスパラを加え一緒にゆでる。
4. 3をざるに上げて湯を切り、オリーブ油をからめる。
5. 器に4を盛り、トマトソースをかける。

ふだんのスクランブルエッグをほんの少しグレードアップ

それぞれのうまみが合わさっておいしさが倍増します

スクランブルエッグトースト

材料（2人分）
- しいたけ（薄切り）…3個
- しめじ…1/2パック
- バター…大さじ1 1/2
- 塩、こしょう、しょうゆ…各少々
- 万能ねぎ（みじん切り）…少々
- 卵…2個
- 生クリーム…大さじ2
- パン（食パンなど）少し厚め…2枚

作り方
1. しいたけと石づきを取って小房に分けたしめじは、バター大さじ1/2で炒め、塩、こしょう、しょうゆで調味して万能ねぎを散らし、取り出す。
2. 卵は白身を切るように溶き、塩、こしょう、生クリームを混ぜる。
3. 1のフライパンをきれいにし、残りのバターを熱して2を流す。弱火で細かく混ぜ、半熟状になったら火を止める。
4. パンはトーストして1と3をのせる。

焼きトマトとベーコン、スクランブルエッグのせ

材料（2人分）
- ベーコン…2枚
- オリーブ油…大さじ1/2
- トマト…1個
- 塩、粗びき黒こしょう…各少々
- 卵…2個
- バジル…少々

作り方
1. ベーコンは半分に切ってオリーブ油少々（分量外）でカリカリに焼いておく。ベーコンを取り出した残りの油で1cm厚さに切ったトマトを焼き、塩、こしょうをして取り出す。
2. 1のフライパンをきれいにし、塩を加えた溶き卵をオリーブ油で半熟に炒める。
3. 器にトマト、ベーコン、卵と重ねて盛ってこしょうをふり、バジルをちぎって散らす。

Column 1 洋風プレートごはんに合わせたい
卵料理いろいろ

卵って色もきれいで、いろいろな素材と相性がいいから、洋風のプレートごはんにはもってこいの素材です。卵料理のバリエーションを集めました。

シーフードクリームのオムレツ

材料（2人分）

シーフードクリームソース
- 玉ねぎ（みじん切り）…1/4個
- バター…小さじ1
- マッシュルーム…4個
- シーフードミックス（冷凍）…100g
- 白ワイン…大さじ2
- 塩、こしょう…各少々
- ホワイトソース（市販）…1/2カップ

オムレツ
- 卵…4個
- 塩、こしょう…各少々
- 生クリーム…大さじ3
- バター…大さじ2

クリーミーなホワイトソースのごちそうオムレツ

作り方
1. シーフードクリームソースを作る。玉ねぎをバターで炒め、しんなりしてきたら4等分したマッシュルームを加える。
2. シーフードミックスは水をかけて表面の氷を取り、水気を切って1に加える。白ワインをふって炒めたら塩、こしょうをして、ホワイトソースを加える。
3. オムレツを作る。卵は白身を切るように溶き、塩、こしょう、生クリームを加える。
4. 小さめのフライパンにバター大さじ1を熱し、3の半量を加える。外側から大きくかき混ぜ、半熟状になったら片側に寄せ、返しながら形を整える。
5. 同じようにしてもうひとつ焼き、器に盛り、2のソースをかける。

ベーコン、ほうれん草、じゃがいものココット焼き

材料（2人分）
- ベーコン…2枚
- ほうれん草…3株
- 玉ねぎ…1/4個
- じゃがいも…大1個
- バター…大さじ1
- 卵…2個
- 塩、粗びき黒こしょう…各少々

作り方
1. ベーコンは短冊切りに、ほうれん草はゆでて2cm長さに切る。玉ねぎは薄切りに。
2. じゃがいもは皮のまま半分に切り、ラップをかけて電子レンジで約2分加熱する。中まで火が通ったら皮をむき、角切りにする。
3. フライパンにバターを熱し、ベーコンを炒める。脂が出てきたら玉ねぎを加えて透き通るまで炒め、じゃがいもを加えて焼き色をつける。
4. 3にほうれん草を加え、塩、こしょうで調味する。
5. ココットに入れて中央に卵を落とす。塩、こしょうをしてオーブントースターで卵が半熟状になるまで焼く。

ハーブとモツァレラチーズのオープンオムレツ

ユニークでおしゃれなアレンジオムレツ

材料（2人分）
- 卵…2個
- ［ハーブ
  - イタリアンパセリ…1本
  - チャービル…2本］
- 塩、こしょう…各少々
- 牛乳…大さじ1
- バター…大さじ2
- モツァレラチーズ（角切り）…1/2個

作り方
1. 卵は白身を切るように溶き、みじん切りにしたハーブ、塩、こしょう、牛乳を加える。
2. 直径18cmくらいのフライパンにバターを熱し、1を流し入れる。全体を大きく混ぜて弱火にし、モツァレラチーズを散らす。
3. ふたをして30秒ほど加熱し、チーズが溶けかけたところで火を止めて器に盛る。

卵とトマトソースのオーブン焼き

ピリ辛チョリソーを卵でまろやかに仕上げました

材料（2人分）
- 玉ねぎ（角切り）…1/4個
- ピーマン（角切り）…1個
- チョリソー（斜め切り）…3本
- オリーブ油…小さじ1
- トマトソース（市販）…1カップ
- 卵…2個
- 塩、こしょう…各少々
- ピザ用チーズ…40g

作り方
1. 玉ねぎとピーマン、チョリソーをオリーブ油で炒める。
2. 耐熱容器に温めたトマトソースを入れ、1を広げて真ん中に卵を割り入れる。全体に塩、こしょうをふり、チーズを散らす。
3. オーブントースターできつね色に焼き色がつくまで焼く。

生ハムサラダのポーチドエッグ

素材の味わいをストレートに楽しめます

材料（2人分）
- 卵…2個
- レタス…4枚
- ミックスサラダ（ベビーリーフ）…1パック
- 塩、こしょう…各少々
- ワインビネガー…大さじ2/3
- オリーブ油…大さじ1 1/2
- 生ハム…4〜6枚
- イタリアンパセリ…少々

作り方
1. ポーチドエッグを作る。鍋に湯を5cmほど沸かし、酢小さじ1（分量外）を入れる。卵は小鉢に割り入れる。
2. 1の湯に卵をそっと落とす。散った卵白を寄せるようにして、ひとかたまりにし、3分ほどゆでる。すくって湯を切る。
3. レタスはちぎり、ミックスサラダと混ぜ合わせてよく水気を切る。
4. ボウルに塩、こしょう、ワインビネガーを混ぜ合わせ、オリーブ油を混ぜる。3の野菜を加えてやさしくあえて器に盛る。生ハムを広げるようにのせて2をのせ、刻んだイタリアンパセリを散らす。

アスパラと半熟卵の温サラダ

ほくほくのじゃがいもが美味
半熟卵がまるで極上のソースのよう！

材料（2人分）
- 卵…2個
- グリーンアスパラ…6本
- 塩、こしょう…各少々
- くるみ（ローストしたもの）…1個
- パルメザンチーズ…20g
- オリーブ油…小さじ2

作り方
1. 鍋に湯を沸かし、塩少々を加え、室温に戻して洗った卵をそっと入れる。4分ほどゆでたところで半分に切ったアスパラを加える。
2. 2分ほどゆでたら温めた器に湯を切ったアスパラを盛り、卵の殻をむいてのせ、軽く塩、こしょうをする。
3. 刻んだくるみ、削ったチーズを散らしてオリーブ油をかける。

ほっこり味わう「和」
和風のワンプレートごはん

「和」でまとめたワンプレートごはんは、
見た目もどこかなつかしくて
おなかにもやさしい味わい。
時間をゆっくり楽しみながら
ひとつひとつの味をかみしめて。

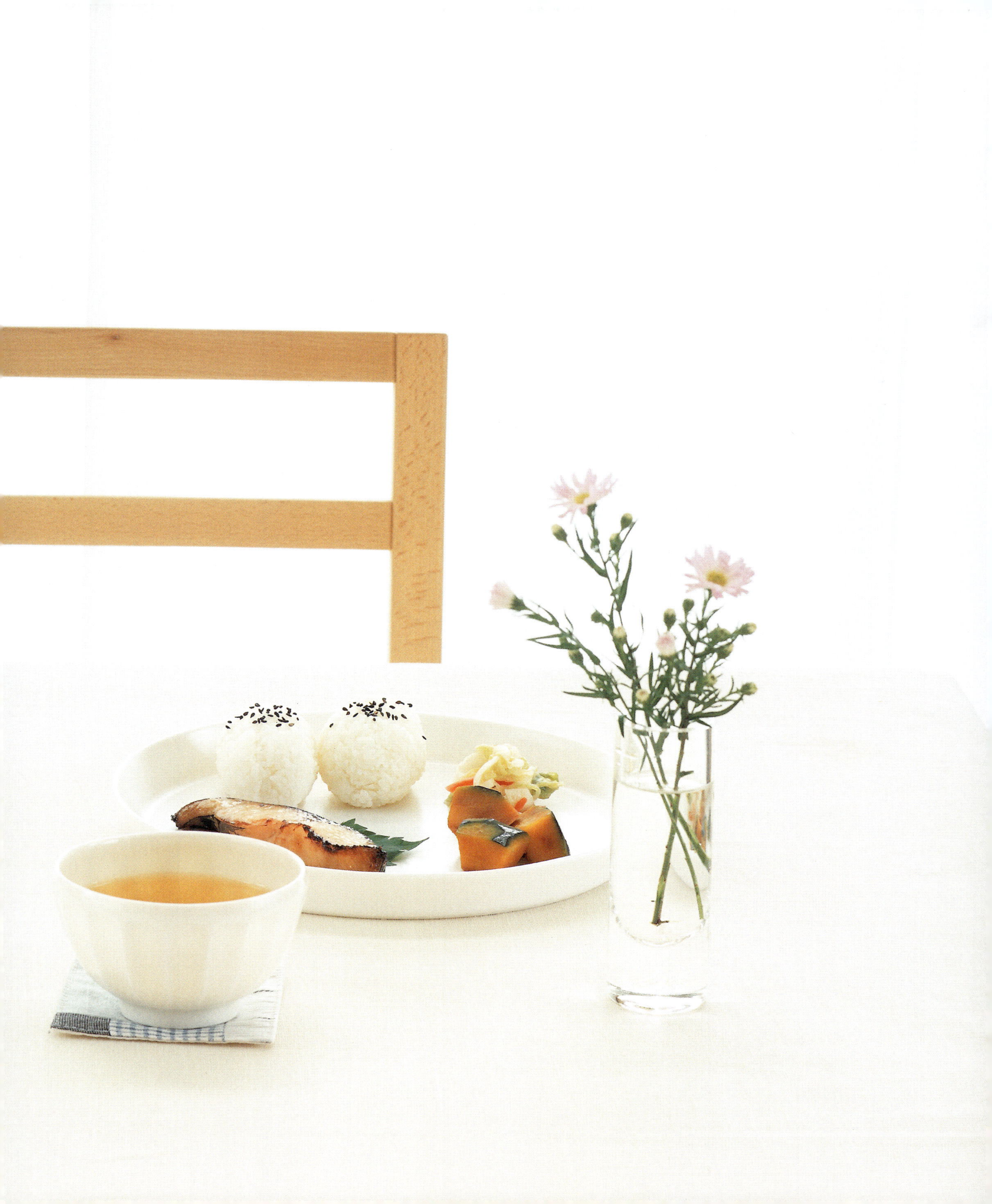

ブリ照焼きと雑穀おむすび

からだにやさしい和食をバランスよく盛りつけました。
きちんと食べたいときは、こんなプレートごはんでゆったりと。

ブリ照焼き

材料（2人分）
ブリ…2切れ
みりん…大さじ1
しょうゆ…大さじ1
サラダ油…小さじ1/2
ゆず（スライス）…1枚

作り方
1. ブリはみりんとしょうゆを混ぜたものに15分ほど漬ける。
2. フライパンを弱めの中火に熱してサラダ油をひき、汁気を切ったブリを焼く。表面に軽く焦げ目がついたら返して弱火にし、八部どおり火を通す。
3. 1の漬け汁を加え、火を強くしてツヤよくからめる。種を取ったゆずをのせる。

温野菜の豆腐ディップ

材料（2人分）
ブロッコリー…60g
カリフラワー…80g
にんじん…1/4本
- 豆腐ディップ
    絹ごし豆腐…100g
    白練りごま…大さじ1 1/2
    砂糖…小さじ1
    塩…小さじ1/4
    しょうゆ…少々

作り方
1. 豆腐ディップを作る。豆腐はキッチンペーパーに包んで15分ほど水切りし、ペーパーを換えて強く握るようにしてしっかり水気を絞る。
2. 1をすり鉢でなめらかにすりつぶし、白練りごま、砂糖、塩、しょうゆを加える。
3. 野菜は食べやすく切り、硬めにゆでる。豆腐ディップをつけて食べる。

酢の物

材料（2人分）
きゅうり…1/2本
塩…小さじ1/4
新しょうが漬け…1本
砂糖…小さじ1/2
酢…小さじ1

作り方
1. きゅうりは薄切りにし、塩をふって5分おく。新しょうがは斜め切りにする。
2. 砂糖と酢を合わせ、水気を切ったきゅうりと新しょうがをあえる。

雑穀おむすび

材料（4個）
雑穀入りごはん…260g
塩…少々

作り方
1. ごはんは手をぬらして塩をつけ、俵形ににぎる。

和紙でひと工夫

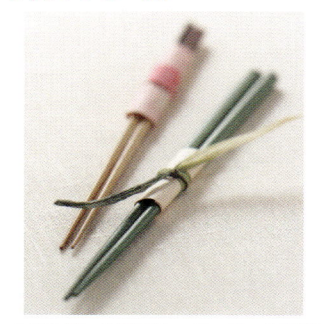

ふだん使いの箸でも、ちょこっと和紙を巻きつけるだけで、あらたまった気分に。おもてなしにぴったりのかんたんアイデアです。

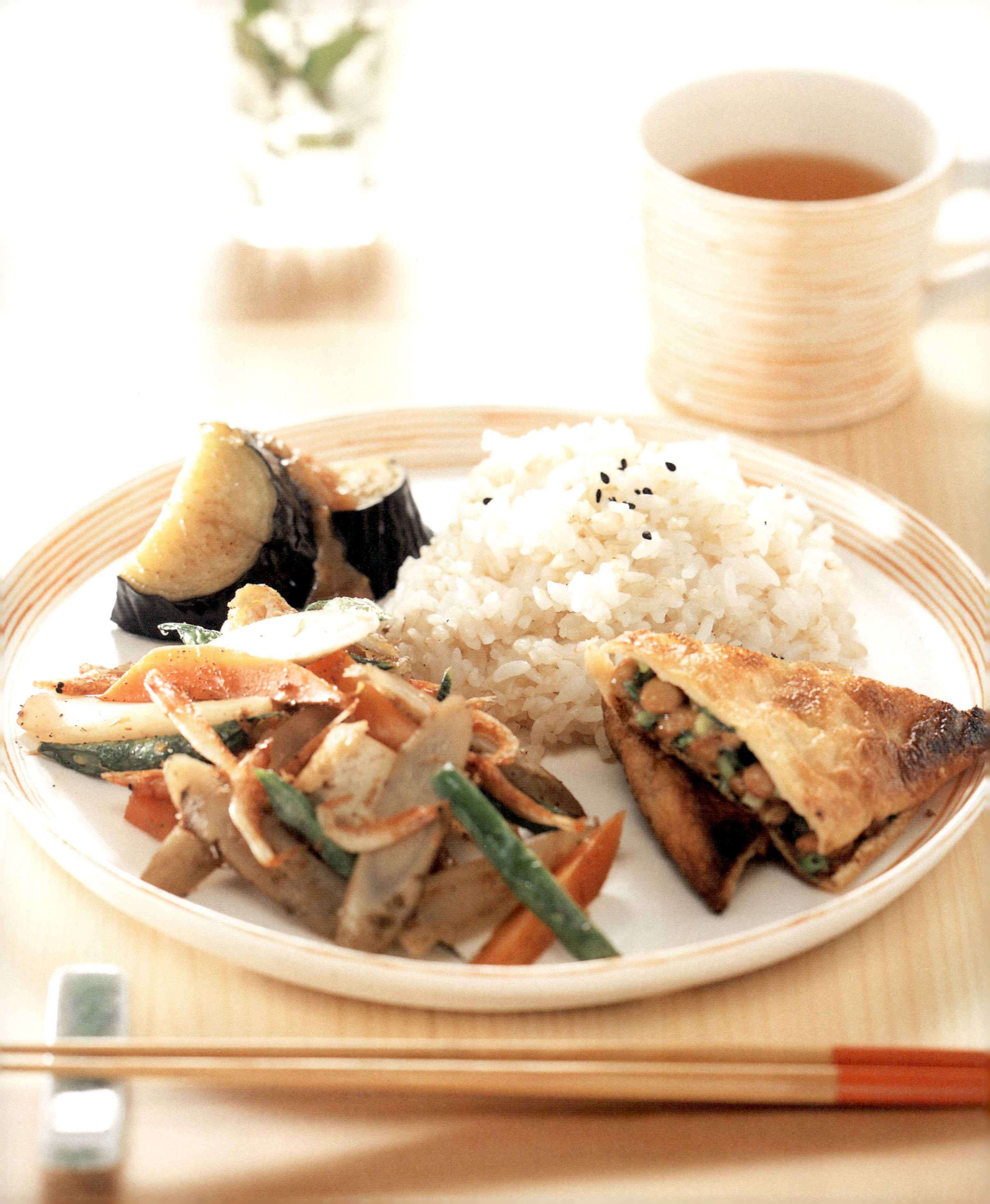

ほっこり味わう「和」
和風のワンプレートごはん

根菜の和風炒めと
納豆の揚げ包み焼きごはん

根菜の和風炒めと納豆の揚げ包み焼きごはん

根菜と納豆プラス玄米ごはんで栄養バランスは申し分なし。
食物繊維もたっぷりだからウエイトコントロール中でもおすすめです。

根菜の和風炒め

材料（2人分）
ごぼう…15cm
大根…4cm
にんじん…4cm
いんげん…5本
桜エビ…大さじ1
ごま油…大さじ1/2
厚揚げ…100g
A
　かつおぶし…2g
　塩、こしょう、しょうゆ…各少々
　酒…小さじ1

作り方
1. ごぼう、大根、にんじんは短冊切りにする。いんげんは4cm長さに切る。
2. 鍋に湯を沸かし、塩少々（分量外）を加えて、ごぼう、大根、にんじん、いんげんの順に加えて硬めにゆで、ざるに上げる。フライパンを温め、桜エビを乾煎りしたら一度取り出す。
3. 再びフライパンを熱して、ごま油を加え、食べやすい大きさにちぎった厚揚げを炒め、油がまわったら2の野菜を加える。
4. 桜エビを加え、Aで調味する。

小さなガラス器が便利

ガラスのぐい呑みやショットグラスなど、小さなガラス器があると食卓をぐんとかわいくアレンジすることができます。野の花を1～2輪さすだけでも、ほら、かんたんに和風カフェ風のあしらいができるでしょ。

納豆の揚げ包み焼き

材料（2人分）
納豆…小1パック
万能ねぎ（小口切り）…3本
しょうゆ…小さじ1
油揚げ…1枚

作り方
1. 納豆をよくかき混ぜ、万能ねぎ、しょうゆを加えて混ぜる。
2. 油揚げは長い方の辺を開いて袋状にし、1を詰める。
3. 網に2をのせて火にかけ、両面がパリッとするまで焼き、食べやすく切る。

油揚げの長い方の一辺を開いて袋状にし、納豆をまんべんなく広げるように詰める。

米なす田楽

材料（2人分）
米なす…1/2本
揚げ油…適量
A　白みそ、砂糖、みりん、だし汁…各大さじ1

作り方
1. なすは1cmくらいの厚さの半月切りにし、170℃に熱した油で揚げ、油を切っておく。
2. 小鍋にAを入れて混ぜ、火にかける。煮立ってきたら火を弱め、つやよくとろりとするまで練る。
3. 揚げたなすに2のみそをかける。

※玄米ごはんを炊き、器に盛って黒ごまをふる。

焼き魚とおむすびの朝ごはん

鮭の切り身を焼いて、玉子焼きとお味噌汁、白いごはんの基本の朝ごはん。
ひとつのプレートにまとめると、こんなにかわいくなりました。

ほっこり味わう「和」
和風のワンプレートごはん

焼き魚とおむすびの朝ごはん

焼き鮭

材料（2人分）
鮭（切り身）…1切れ

作り方
1. 鮭は半分に切って焼いておく。

玉子焼き

材料（2人分）
卵…2個
A
　だし汁…大さじ2
　砂糖…大さじ1/2
　塩、しょうゆ…各少々
サラダ油…小さじ2

作り方
1. 卵は白身を切るように溶く。混ぜ合わせたAを加えて混ぜる。
2. フライパンを中火で温め、サラダ油小さじ1をひき、1の卵液の半量を流す。
3. 箸で全体をかき混ぜ、半熟状に固まったら手前に寄せる。
4. 3をフライパンの向こうに返したら、残りのサラダ油をひき、残りの卵液を流す。
5. はじめに焼いた卵の下にも流し、半熟状になるまで焼いたら向こうから巻き込む。
6. キッチンペーパーの上に置いて形を整えるように包み、落ち着かせる。
7. キッチンペーパーから出して食べやすく切る。

卵が半熟状に焼けたら、菜箸を使って玉子焼きを向こう側から巻き込むようにする。

熱いうちにキッチンペーパーに置いて、長方形になるようにやさしく形を整える。

青菜のおひたし

材料（2人分）
ほうれん草…1/2束
かつおぶし…少々
しょうゆ…少々

作り方
1. ほうれん草は根を切り、大きい株には十字に切れ目を入れておく。
2. 湯を沸かして塩少々（分量外）を加え、ほうれん草を根元から入れてひと呼吸おいて全体をゆでる。
3. 20秒ほどしたら冷水にとって冷まし、ざるに上げて水気を切る。
4. 3〜4cm長さに切って、軽く水気を絞り、器に盛りつけてかつおぶしをふり、しょうゆをかける。

おむすび

材料（2人分）
ごはん…300g
塩、黒ごま…各適量
漬物…適量

作り方
1. 手を水で軽くぬらして塩少々をつけ、おむすびを4個にぎる。黒ごまをふって漬物を添える。おみそ汁を添えてどうぞ。

小さなかごでかわいく演出

小皿としょうゆさしを小さなかごに入れて食卓に。変化のあるセッティングになり、ふだんの食卓が少しだけおしゃれに感じます。

山いもねぎ焼きと
かぼちゃのひき肉炒め煮

たっぷりの万能ねぎを加えた山いも焼きは、
ふっくらとしたお好み焼き風。
桜エビの香ばしい風味がアクセント。
お酒にも合います。

山いもねぎ焼き

材料（2人分）

山いも…300g
万能ねぎ…1/2束
桜エビ…5g
サラダ油…少々
豚バラ薄切り肉…120g
塩、こしょう…各少々
- **つけだれ**
  - だし汁…3/4カップ
  - 塩…小さじ1/4
  - しょうゆ…小さじ1/2
  - かつおぶし…2g

作り方

1. 山いもは皮をむいてすりおろす。そこへ小口切りにした万能ねぎ、桜エビ、塩を加えて混ぜる。
2. フライパンを熱してサラダ油をひき、1の半量を平らに流す。上に半量の豚肉を並べて塩、こしょうをふる。
3. 片面がきつね色に焼けたら返して火を弱め、中まで火を通す。残りも同じように焼く。
4. 鍋につけだれの材料を入れて温める。
5. 3を食べやすく切り分けて器に盛り、4のたれを添える。

かぼちゃのひき肉炒め煮

材料（2人分）

かぼちゃ…150g
合びき肉…80g
サラダ油…小さじ1/2
- **A**
  - しょうが（みじん切り）…小さじ1
  - 砂糖…小さじ1 1/2
  - しょうゆ…小さじ1 1/2
  - だし汁…1/3カップ

作り方

1. かぼちゃは食べやすく切る。
2. 鍋にサラダ油をひき、ひき肉を入れて火にかける。色が変わってぽろぽろになるまで炒めたらAを加え、かぼちゃを重ならないように並べてふたをし、弱めの中火で焦がさないように火を通す。
3. かぼちゃを取り出し、ひき肉の水分を飛ばすように煮詰めたら、かぼちゃとともに盛りつける。

ほっこり味わう「和」
和風のワンプレートごはん
山いもねぎ焼きと
かぼちゃのひき肉炒め煮
豚しゃぶおろしソースと
梅じゃこごはん

豚しゃぶおろしソース

材料（2人分）
豚ロース肉しゃぶしゃぶ用…8～10枚
長ねぎの青い部分、しょうがの皮…各適量
- **おろしソース**
  - 大根おろし（軽く水分を切ったもの）…150g
  - おろししょうが…小さじ1
  - すりおろした玉ねぎ…大さじ2
  - 酢…大さじ1/2
  - しょうゆ…大さじ1/2
  - ごま油…小さじ1/2
貝割れ大根…1/2パック
セロリ…1/2本

作り方
1. 鍋に湯を沸かし、ねぎの青い部分としょうがの皮を入れ、沸騰したら弱火にする。豚肉を広げて入れ、1分ほど加熱して火が通ったら取り出し、水気を切る。
2. おろしソースの材料を合わせておく。貝割れ大根は根を切り、食べやすく切る。セロリは薄切りにする。
3. 器にセロリと貝割れ大根を広げ、1の豚肉を並べ、おろしソースをたっぷりかける。

ブロッコリーのごまあえ

材料（2人分）
ブロッコリー…1/2株
塩…少々
黒すりごま…大さじ1
砂糖…小さじ1
しょうゆ…小さじ1/2

作り方
1. ブロッコリーは小房に分け、塩を加えた熱湯でゆでてざるに上げ、水気を切る。食べやすく切っておく。
2. 黒すりごまと砂糖、しょうゆを合わせてブロッコリーをあえる。

梅じゃこごはん

材料（2人分）
カリカリ小梅…4個
ちりめんじゃこ…大さじ1
ごはん…300g
塩…少々
青じそ…4枚

作り方
1. 小梅は包丁で実を種からそぎ取り、粗く刻む。ちりめんじゃことともにごはんに混ぜ込み、手に塩を軽くつけてにぎる。
2. 青じそを巻く。

豚しゃぶおろしソースと梅じゃこごはん

さっぱり味だけど、ボリュームも栄養もしっかりとれる、プレートごはんです。
食欲がないときにもおすすめですよ。

鶏つくねの磯辺焼きと
さつまいもごはん

甘辛いあんでからめた鶏のつくねと
ほくほく甘いさつまいもごはんは
ほっとする組み合わせ。

鶏つくね磯辺焼き

材料（2人分）
鶏ひき肉…240g
卵…小1個
塩…少々
A
　長ねぎ（みじん切り）…1/2本分
　パン粉…大さじ1
　おろししょうが…小さじ1
のり…適宜
サラダ油…小さじ1
あん
　砂糖…小さじ2
　しょうゆ…小さじ2
　だし汁…1/2カップ
　片栗粉…小さじ1弱

作り方
1. ボウルに鶏ひき肉、卵、塩を入れて、ねばりが出るまでよく練り混ぜる。
2. Aを加えてさらによく混ぜる。
3. 手にサラダ油少々（分量外）をつけて、2を6等分し、表面がなめらかになるように小判形に丸め、5cm角に切ったのりをはる。
4. フライパンにサラダ油を熱し、3を入れて中火で焼く。片面がきつね色になったら返し、弱火にして中まで火を通す。
5. 4のつくねを取り出したところに片栗粉以外のあんの材料を加え、沸騰したら水溶き片栗粉を加えてとろみをつけ、つくねにかける。

ひき肉は、ねばり気が出るまでしっかり混ぜると仕上がりがふんわり。

手に少量のサラダ油をなじませると、タネが手につかず、まとめやすい。

焼ききのこ

材料（2人分）
生しいたけ…3個
しめじ…1/3パック
ししとう…6本
サラダ油…少々

作り方
1. きのこ類は石づきを取って食べやすい大きさにし、ししとうは包丁の先で突いて破裂しないようにしておく。
2. つくねを焼いているフライパンで一緒に火を通し取り出す（サラダ油が足りなかったら加える）。

切干大根のハリハリ

材料（2人分）
切干大根…20g
にんじん（せん切り）…少々
納豆昆布…10g
おくら…2本
塩…少々
A
　酢…大さじ1
　砂糖…小さじ1
　しょうゆ…大さじ1/2
　塩…少々
　かつおぶし…2g

作り方
1. 切干大根はさっと洗って熱湯で約2分ゆでる。
2. ボウルにAを合わせ、にんじん、納豆昆布と1の切干大根を、温かいうちに水気を絞らずに加え合わせ、そのまま冷ます。
3. おくらは表面を塩少々でこすり、さっとゆでて小口切りにする。
4. 2の昆布にねばりが出て味がなじんだら、3のおくらを加えて混ぜる。

さつまいもごはん

材料（作りやすい分量）
米…2合
さつまいも…1/2本
塩…小さじ1/4
黒ごま…少々

作り方
1. 米は洗ってざるに上げ、炊飯器に入れて分量の水加減にして30分浸水しておく。
2. さつまいもは1.5cm角に切り、さっと水にさらして水気を切り、塩をふる。
3. 1の上に2を平らにのせて、炊き上げる。器に盛りつけて黒ごまをふる。

ほっこり味わう「和」
和風のワンプレートごはん

鶏つくねの磯辺焼きとさつまいもごはん

チキン南蛮ととうもろこしごはん

チキンの甘酢だれのほんのりとした酸味が、食欲をさそいます。
歯ごたえが楽しい、とうもろこしごはんを添えてボリュームも申し分なし。

チキン南蛮

材料（2人分）
鶏もも肉（小さめ）…1枚
塩、こしょう…各少々
小麦粉…大さじ1
片栗粉…大さじ1/2
溶き卵…1/2個分
揚げ油…適量
- 甘酢だれ
  砂糖、しょうゆ、酢、ケチャップ…各大さじ1/2
  だし汁…大さじ1
- タルタルソース
  玉ねぎ（みじん切り）…大さじ1
  マヨネーズ…大さじ2
  レモン汁…小さじ1
  塩、こしょう…各少々

作り方
1. 鶏肉は身の厚い部分には包丁を入れて開き、半分に切って塩、こしょうで下味をつける。
2. 小麦粉と片栗粉をビニール袋に入れて混ぜ、鶏肉を入れて粉をまんべんなくつける。
3. 2を袋から出し、溶き卵をつけて、170℃に熱しておいた油で4～5分ゆっくりと揚げる。2分ほど油を切って休ませる。
4. 甘酢だれの材料をすべて鍋に入れ、一度沸騰させておいたものを3の鶏肉全体にかける。
5. 4を食べやすく切り分けて器に盛り、混ぜておいたタルタルソースをかける。

粉をつけるときは、ビニール袋を利用すると少なめの量でまんべんなくつけることができます。

キャベツサラダ

材料（2人分）
キャベツ…3枚
にんじん…30g
きゅうり…1/3本

作り方
1. 野菜はすべてせん切りにし、さっと冷水につけてざるに上げ、しっかり水気を切る。
2. チキン南蛮に添える。

春菊と干物のあえもの

材料（2人分）
アジの干物…1枚
春菊…1/2束
長ねぎ…9cm分
- A
  しょうゆ…小さじ1/2
  レモン汁…大さじ1/2
  ごま油…小さじ1
  こしょう…少々
白ごま…小さじ1

作り方
1. アジの干物は焼いて、頭と骨、ぜいごを取り、粗くほぐしておく。春菊は葉をつみ、長ねぎは長さを3等分にしてせん切りにし、さっと冷水につけてパリッとさせ、ざるに上げてしっかり水気を切る。
2. ボウルにAを混ぜ、1を加えて軽く混ぜ、白ごまを散らす。器に盛る。

とうもろこしごはん

材料（2人分）
米…1合
とうもろこし…1/2本
塩…小さじ1/4

作り方
1. 米は洗ってざるに上げ、炊飯器に入れ、目盛り分の水を加えて浸水させる。とうもろこしは包丁で実をこそげ取り、ばらばらにほぐして、塩をふる。
2. 米の上にとうもろこしを塩ごとのせ、炊飯する。炊き上がったら全体を混ぜる。

とうもろこしは、包丁で一気にこそげ取るようにすると、早くきれいに実を取ることができます。

ほっこり味わう「和」
和風のワンプレートごはん

チキン南蛮と
とうもろこしごはん

47

肉みそうどんと水菜と大根のサラダ

温かいうどんに肉みそと温泉卵をトッピングしました。
つけ合わせのサラダは、混ぜて食べてもOK。

肉みそうどん

材料（2人分）
- 干ししいたけ…2枚
- 鶏ひき肉…150g
- ごま油…小さじ1
- おろししょうが…小さじ1
- 玉ねぎ（みじん切り）…1/2個
- にんじん（みじん切り）…1/4個
- だし汁…3/4カップ
- A
  - みそ…大さじ1 1/2
  - 砂糖…大さじ1/2
  - 酒…大さじ1/2
- 片栗粉…小さじ1/2
- ゆうどん…2玉
- 温泉卵…2個
- 絹さや…6枚

作り方
1. 干ししいたけは水で戻してみじん切りにする（戻し汁はとっておく）。
2. フライパンにごま油を熱し、鶏ひき肉をぽろぽろになるまで炒める。おろししょうがを加え、玉ねぎ、にんじん、干ししいたけも加えて炒める。
3. 玉ねぎが透き通って全体がしんなりしたら、だし汁としいたけの戻し汁も加え、Aを加える。
4. 弱めの中火で約5分煮て、煮汁が少なくなり、とろりとしてきたら水小さじ1（分量外）で溶いた片栗粉でとろみをつける。
5. 湯を沸かしてうどんを入れ、うどんが熱くなりふっくらとしたらざるに上げて湯を切り、器に盛りつけて4のあん、温泉卵、ゆでた絹さやをのせる。

水菜と大根のサラダ

材料（2人分）
- 大根…100g
- ラディッシュ…2個
- 水菜…50g
- ちりめんじゃこ…大さじ2
- ドレッシング
  - しょうゆ、酢、みりん、ごま油…各大さじ1/2
- 青じそ（せん切り）…3枚

作り方
1. 大根はせん切りに、ラディッシュは薄切りに、水菜は食べやすい長さに切る。ちりめんじゃこはフライパンで乾煎りしておく。ドレッシングの材料は合わせておく。
2. 1と青じそを合わせて盛りつけ、ドレッシングをかける。

そうめんの野菜あんかけ焼きそば

材料（2人分）
- そうめん…3束
- サラダ油…大さじ1
- キャベツ…3枚
- 玉ねぎ…1/4個
- にんじん…1/4本
- 三つ葉…1/2束
- 豚もも薄切り肉…120g
- 塩、こしょう…各少々
- ごま油…大さじ1/2
- しょうが（みじん切り）…小さじ1
- だし汁…1/2カップ
- しょうゆ…少々
- 片栗粉…小さじ1

作り方
1. そうめんはゆでてざるに上げ、冷水にとってぬめりを取り、少量ずつつまんでざるに上げ水気を切る。フライパンを熱してサラダ油をひき、ゆでたそうめんを入れてきつね色に両面焼いておく。
2. キャベツはざく切り、玉ねぎ、にんじんは薄切り、三つ葉は4cm長さに切る。豚肉は一口大に切って、塩、こしょうで下味をつける。
3. フライパンにごま油を熱し、しょうがと豚肉を炒める。肉の色が変わったら玉ねぎ、にんじん、キャベツの順に入れて、全体に油がまわったらだし汁、塩、しょうゆ、こしょうで味をととのえ、同量の水で溶いた片栗粉でとろみをつけ、三つ葉を散らす。
4. 器に焼いたそうめんを盛り、3のあんをかける。

ひじきと枝豆のポン酢あえ

材料（2人分）
- 枝豆（冷凍）…15さや
- 乾燥ひじき…10g
- 玉ねぎ…1/4個
- みょうが…1個
- ポン酢しょうゆ…大さじ2
- ゆずこしょう…少々

作り方
1. 枝豆は袋の表示に従って解凍し、さやから出しておく。ひじきは水で戻し、さっとゆでてざるに上げ水気を切っておく。玉ねぎは薄くスライスし、水にさらして辛味を抜き、水気を切る。
2. ひじき、玉ねぎ、枝豆を合わせて器に盛り、薄切りにしたみょうがを散らす。ポン酢しょうゆとゆずこしょうを混ぜ合わせたたれをかける。

ほっこり味わう「和」
和風のワンプレートごはん

肉みそうどんと
水菜と大根のサラダ
そうめんの野菜あんかけ焼きそばと
ひじきと枝豆のポン酢あえ

そうめんの野菜あんかけ焼きそばと
ひじきと枝豆のポン酢あえ

フライパンでパリッと焼いたそうめんと野菜あんの食感が新鮮です。
そうめんは小分けにすると焼きやすいですよ。

いろいろ串揚げ

材料（2人分）
豚ひき肉…30g
万能ねぎ（小口切り）…1本
しょうが汁…少々
塩、こしょう…各少々
生しいたけ…2個
グリーンアスパラ…2本
豚バラ薄切り肉…2枚（80gくらい）
ホタテ貝柱…2個
プロセスチーズ…20g
青じそ…1枚
鶏ささみ…2本
明太子…大さじ2
のり…少々
小麦粉、溶き卵、パン粉…各適量
揚げ油…適量
マヨネーズ…小さじ1
カレー粉…少々
中濃ソース…適量
レモン（くし形切り）…2切れ

作り方
1. ひき肉は万能ねぎ、しょうが汁、塩、こしょうを混ぜ、半分にして丸める。しいたけは石づきを取ってかさの内側に小麦粉をふり、丸めたひき肉を詰める。
2. アスパラは根元の硬い部分の皮をむき、塩、こしょうした豚バラ肉で巻く（揚げ鍋が小さければ半分に切る）。
3. ホタテは厚みの半分に包丁を入れ、一部残して開き、チーズを半量ずつはさみ、塩、こしょうしてしそで巻く。
4. ささみは筋を取ってラップではさんで軽くたたき、縦半分に切る。表面に明太子を塗り、くるくる巻いてのりを帯状に巻く。
5. アスパラ以外を串に刺し、小麦粉、溶き卵、パン粉の順に衣をつける。
6. 揚げ油を170℃に熱し、アスパラと5を揚げる。器に盛り、しいたけにはカレー粉を加えたマヨネーズを少量のせる。塩、中濃ソース、レモンを添えて。

いろいろ串揚げプレート

いろいろな串揚げを並べて
おつまみ感覚で楽しむプレートです。
ごはんを添えれば、もちろん食事にもOK。

スティック野菜

材料（2人分）
きゅうり…1/2本
にんじん…縦に1/4本
セロリ…1/3本
キャベツ…2枚

作り方
1. きゅうり、にんじん、セロリはそれぞれスティック状に切る。キャベツは大きくざく切りにする。串揚げの塩やソースをつけていただく。

冷奴

材料（2人分）
豆腐（すくい豆腐やおぼろ豆腐など）
　…300gくらい
かつおぶし、白すりごま…各2つまみ
オリーブ油…小さじ2
塩…少々

作り方
1. 豆腐は水を切ってスプーンなどで器にすくい、かつおぶし、白すりごま、オリーブ油、塩をかける。

ほっこり味わう「和」
和風のワンプレートごはん
いろいろ串揚げプレート
マグロねばねば丼と
ゆるゆる茶碗蒸し

マグロねばねば丼

材料（2人分）
マグロ（お刺身用）…小1サク
みりん…大さじ1/2
酒…大さじ1/2
しょうゆ…大さじ1
練りわさび…小さじ1/2
おくら…8本
長いも…4cm
温かいごはん…茶碗2杯分
刻みのり、白ごま…各少々

作り方
1 みりんと酒は小鍋に合わせてひと煮立ちさせ、冷ましてからしょうゆ、わさびを混ぜる。
2 マグロを3〜4mm厚さに切って1に漬け、10分ほどおく。
3 おくらは塩少々（分量外）で表面をこすり、塩のついたまま熱湯で2分ほどゆで、ざるに上げて冷まし、刻んでおく。長いもは皮をむいて拍子木切りにする。
4 器にごはんを盛り、マグロ、おくら、長いもをのせ、刻みのりとごまを散らす。

ゆるゆる茶碗蒸し

材料（2人分）
アサリ…100g
エビ…2尾
酒…大さじ1
だし汁…1カップ強
溶き卵…小1個分
塩…少々
絹さや…4枚

作り方
1 アサリは砂出ししてから、殻をこすり合わせて汚れを取り、エビ、酒とともに鍋に入れて酒蒸しにしておく。アサリは飾り用にいくつか残して殻を取り、蒸した汁はとっておく。エビは殻をむいて2〜3等分にする。
2 だし汁に1の蒸し汁を加えて溶き卵の6倍の量になるようにし、塩で調味。溶き卵を加えて混ぜ、こす。
3 器にアサリと2の卵液を加え、器の1/3がつかるくらいの水を入れた鍋に入れてふたをして火にかける。沸騰したら弱火にして15〜20分加熱し、ゆすってみて中央が固まってきたら残りのアサリとエビを散らして温める程度に加熱する。
4 取り出してゆでた絹さやを散らす。

大根のカリカリ漬け

材料（2人分）
大根…4cm
塩…1つまみ
昆布茶…小さじ1
ゆずの皮…少々

作り方
1 大根は一口大に切って塩をふり、5分おく。水気を切り、昆布茶と細かく切ったゆずの皮を加え、全体を混ぜる。

マグロねばねば丼と
ゆるゆる茶碗蒸し

長いもとおくらをたっぷりのせたマグロ丼に、
お吸い物感覚で食べられるほど
ゆるく固めた茶碗蒸しをセットしました。

サーモン寿司となすの揚げ煮

ラップを使ってくるっと巻けば、簡単巻き寿司のできあがり。やさしい味の煮物を添えてさっぱりとどうぞ。

サーモン寿司

材料（2人分）

スモークサーモン…6〜8枚
きゅうり…1本
塩…少々
青じそ…5枚
米…1合半
すし酢…大さじ4 1/2

作り方

1. 米は洗ってざるに上げ、30分おいて同量の水で炊く。きゅうりは縦に薄切りにして塩を軽くふって5分おき、水気をふき取っておく。
2. 米が炊き上がったら熱いうちにボウルにとってすし酢をまわしかける。しゃもじで切るように混ぜ、酢がまわったら一度まとめてごはんに酢を吸わせる。
3. 再びごはんを広げるようにして切りながらあおぐ。
4. 刻んだ青じその葉を混ぜる。布巾を広げた上にラップを広げ、スモークサーモンときゅうりの半量を斜めに重ね並べる。3のごはんの半量を棒状にしておき、ラップと布巾をいっしょに持って形を丸く整える。
5. 残りも同じ様に巻く。
6. ラップをつけたまま食べやすく切り分け、ラップを取って器に並べる。

三つ葉と鶏のあえもの

材料（2人分）

鶏ささみ…1本
塩…少々
酒…大さじ1/2
三つ葉…1/2束
万能ねぎ…4本
A
　練りわさび…小さじ1/3
　しょうゆ…小さじ1
　みりん…少々

作り方

1. 鶏ささみは筋を取り、塩と酒をふり、ラップをかけて電子レンジで約1分半加熱。中まで火が通ったらそのまま冷まし、裂いておく。三つ葉、万能ねぎはざく切りにする。
2. ボウルにAを合わせ、1を入れてあえる。

なすの揚げ煮

材料（2人分）

なす…2本
揚げ油…適量
干しエビ…大さじ1
だし汁…1カップ
A
　しょうゆ…小さじ1
　みりん…小さじ1
　塩…小さじ1/4
　かつおぶし…2g

作り方

1. なすはヘタを取り、縦に約1cm間隔に浅く切れ目を入れて、170℃の油で揚げる。3分ほど加熱し、箸ではさんでやわらかくなったら取り出し、油を切る。熱湯をまわしかけて油抜きをする。
2. 干しエビはひたひたの水に浸して戻し、戻し汁ごと小鍋に入れ、だし汁を加えて火にかける。沸騰したらあくを取り、Aを加え、1を加えて火を止める。冷めるまでそのまま浸し、味を含ませる。
3. 器の大きさに合わせて2を切り分け、汁ごと盛りつける。

はんぺんのすまし汁

材料（2人分）

はんぺん…1/4枚
だし汁…2カップ
塩、しょうゆ…各少々
溶き卵…小1個分
みょうが…1/2本

作り方

1. 鍋にだし汁を沸かし、塩、しょうゆで調味し、角切りにしたはんぺんを加え、ぷくっと膨らんだら、溶き卵を流し入れる。刻んだみょうがを加えて火を止める。

ほっこり味わう「和」
和風のワンプレートごはん

サーモン寿司となすの揚げ煮
ポークソーセージと
にがうりののっけごはん

ポークソーセージとにがうりののっけごはん

沖縄っぽい具材をのせたプレートごはん。
青梗菜のピーナツバターあえを添えて、豪快に混ぜていただきます。

材料（2人分）
ポークソーセージ（缶）…2cm
にがうり…1/2本
てんぷら粉…大さじ4
水…約大さじ3
揚げ油…適量
塩…少々
青梗菜…1株
ピーナツバター（甘くないもの）…大さじ1
砂糖…大さじ1/2
しょうゆ…小さじ1
ごはん…茶碗2杯分
かつおぶし、のり…各適量

作り方
1. ポークソーセージは5mm厚さに切り、油をひかずに両面をきつね色に焼いておく。
2. にがうりは縦半分に切ってワタと種をスプーンでこそげ取り、4～5mm厚さに切る。てんぷら粉大さじ1を全体にまぶしつけ、残りのてんぷら粉と水をとろりとする固さに溶き、にがうりを加えて混ぜる。スプーンなどですくい、170℃の揚げ油で揚げて、塩少々をふっておく。
3. 青梗菜は葉をはがして熱湯でさっとゆで、ざるに上げて水気を切り、食べやすく切る。ピーナツバターと砂糖、しょうゆを混ぜ、青梗菜をあえる。ピーナツバターが固くてなじみにくいときは、だし汁やゆで汁少々でのばしてもよい。
4. 器にごはんを盛り、1～3をのせ、角切りののりとかつおぶしを散らす。好みでしょうゆ少々（分量外）をかける。

おからコロッケと ざるそば

さつまいも入りのおからを揚げた
ほくほくのコロッケと
ざるそばの組み合わせ。
ヘルシーなワンプレートごはんです。

おからコロッケ

材料（2人分）
さつまいも…100g
玉ねぎ…1/2個
にんじん…1/4本
バター…大さじ1/2
おから…100g
A
　だし汁…1/2カップ
　砂糖…小さじ1
　しょうゆ…大さじ1/2
塩、こしょう…各少々
小麦粉…大さじ3
パン粉…大さじ5
揚げ油…適量

作り方
1. さつまいもは1cm角に切り、玉ねぎ、にんじんはみじん切りにする。
2. フライパンにバターを熱し、玉ねぎ、にんじんを透き通ってしんなりするまで炒めたら、おからとさつまいもを加えてさらに炒める。
3. Aを加えて弱火にし、さつまいもに火が通るまで加熱する。
4. 汁気がなくなったら塩、こしょうで味をととのえて火を止める。熱いうちにさつまいもを粗くつぶしておく。
5. 4が冷めたら4等分にし、円盤状にまとめる。小麦粉大さじ1を薄くまぶし、残りの小麦粉に水大さじ3（分量外）を加えた衣をつけ、パン粉をつける。
6. 175〜180℃に熱した油で5をきつね色に揚げる。

おからがパラパラになるまで炒めます。

ピーマンと油揚げの くたくた煮

材料（2人分）
ピーマン…4個
油揚げ…1枚
水…1/3カップ
砂糖…小さじ1
みりん…大さじ1/2
しょうゆ…大さじ1/2
かつおぶし…2g

作り方
1. ピーマンは種とヘタを取り、大きめに切る。油揚げも同じように切る。
2. 鍋に水、砂糖、みりん、しょうゆ、ピーマン、油揚げを入れて火にかける。沸騰したら弱めの中火にし、ピーマンがやわらかくなるまで煮る。
3. 最後にかつおぶしをふりかけて全体を混ぜ、火を止める。

ざるそば

材料（2人分）
そば…2食分
だし汁（濃いめのもの）…1カップ
A
　しょうゆ…大さじ1 1/2
　みりん…大さじ1弱
　砂糖…1つまみ
薬味（わさび、みょうが、長ねぎ）…適量

作り方
1. そばつゆを作る。鍋にだし汁を沸かし、Aを加え、沸騰したら火を止めて冷ましておく。
2. 湯を沸かし、そばをゆでる。ゆで上がったらざるにとり、冷水にとって冷やす。ざるに盛り、そばつゆ、薬味を添える。

Column 2 和風プレートごはんにぴったり
おむすびいろいろ

和風プレートに並べるごはんは、おむすびにするとなぜかかわいくなっちゃいます。身近な材料でかんたんにできるおむすびを揃えました。

カレー風味が食欲を誘う
ツナカレーおむすび

材料（2個分）
- ツナ缶…1/2缶
- カレー粉…小さじ1
- マヨネーズ…大さじ1/2
- 万能ねぎ…2本
- ごはん…160g
- 塩…少々

作り方
1. ツナはしっかり油を切り、カレー粉とマヨネーズを混ぜる。
2. 万能ねぎは小口切りにしてごはんと混ぜ、手に水と塩をつけて1を真ん中に入れて2個にぎる。

※写真は中身の具がわかるようにツナを上にのせたもの。

色とりどりの丸いおむすびをアレンジ
串団子風おむすび

材料（4串分）
- たらこ…適量
- 卵…1個
- 砂糖…少々
- 白ごま、青のり…各少々
- 筋子…少々
- 黒すりごま…少々
- 塩…少々
- ごはん…適量

作り方
1. たらこはアルミホイルにのせて魚焼きグリルで焼き、皮を取って細かくほぐす。卵は塩、砂糖を加えて混ぜ、小鍋に入れて数本の菜ばしで混ぜながら加熱し、いり卵にする。
2. ごはんは1つ40gくらいを目安に、2つは白ごまを混ぜて丸くにぎり、青のりを全体にまぶす。さらに2つ丸めたらたらこを全体にまぶす。
3. ラップにいり卵を広げ、丸めたごはんをのせてぎゅっと絞り、上に筋子をのせる。
4. 黒すりごまを混ぜ、手に塩をつけて2個に丸める。
5. それぞれを組み合わせて串にさす。

豆板醤入りの肉そぼろでうまみたっぷり
ピリ辛ごまそぼろおむすび

材料（2個分）
- 鶏ひき肉…100g
- 豆板醤…小さじ1/2
- しょうが（みじん切り）…小さじ1
- しょうゆ…大さじ1/2
- 鶏がらスープの素…1つまみ
- 白すりごま…大さじ2
- ごま油…小さじ1/2
- ごはん…160g
- 塩…少々
- 韓国のり…4枚

作り方
1. ごま油で鶏ひき肉を炒め、ぽろぽろになったら豆板醤としょうがを加えて炒める。しょうゆ、スープの素を加え、火を止めて白すりごまを加える。
2. 手に塩をつけてごはんの中央に1を適量入れて2個にぎる。韓国のりではさむ。

青唐辛子入りのちょっぴり辛いみそが美味
みそ焼きおむすび

材料（2個分）
- みそ…大さじ1
- 青唐辛子…1/2本（好みで加減する）
- みりん…小さじ1
- ごはん…160g

作り方
1. みそに刻んだ青唐辛子とみりんを混ぜる。
2. ごはんは2個にぎり、オーブントースターか魚焼きグリルで表面に焼き色がつくまで焼く。
3. 1のみそを塗り、みそに軽く焦げ目がつくまで焼く。

素朴でやさしい味わい
菜飯おむすび

材料（2個分）
- かぶの葉…4本
- 塩…小さじ1/4
- ちりめんじゃこ…大さじ1
- ごはん…160g

作り方
1. かぶの葉はみじん切りにして塩をふって混ぜ、5分おいて水気を絞る。
2. ごはんに1とじゃこを入れて混ぜ、2個にぎる。

のり巻き感覚で楽しく
納豆巻きおむすび

材料（2人分）
- ひきわり納豆…50g
- しょうゆ…小さじ1
- 練りからし…少々
- 裂けるタイプのチーズ…少々
- 青じそ…4枚
- のり…1枚
- ごはん…160g

作り方
1. 納豆は粘りが出るまでよく混ぜ、しょうゆとからしを加えて混ぜる。
2. 巻きすなどの上にのりを置き、のりの手前2/3にごはんを薄く広げ、青じそを並べ、裂いたチーズと納豆をのせる。
3. 手前から巻き、落ち着かせてから食べやすく切る。

いろんな国を旅するように
エスニック風のワンプレートごはん

韓国、中国、タイ、ベトナム、インドなどなど
各国のおいしさをぎゅっとまとめた楽しい一皿。
今日はどこの国を味わおうか、
想像力も働かせてね。
新しい出会いがきっと待ってます。

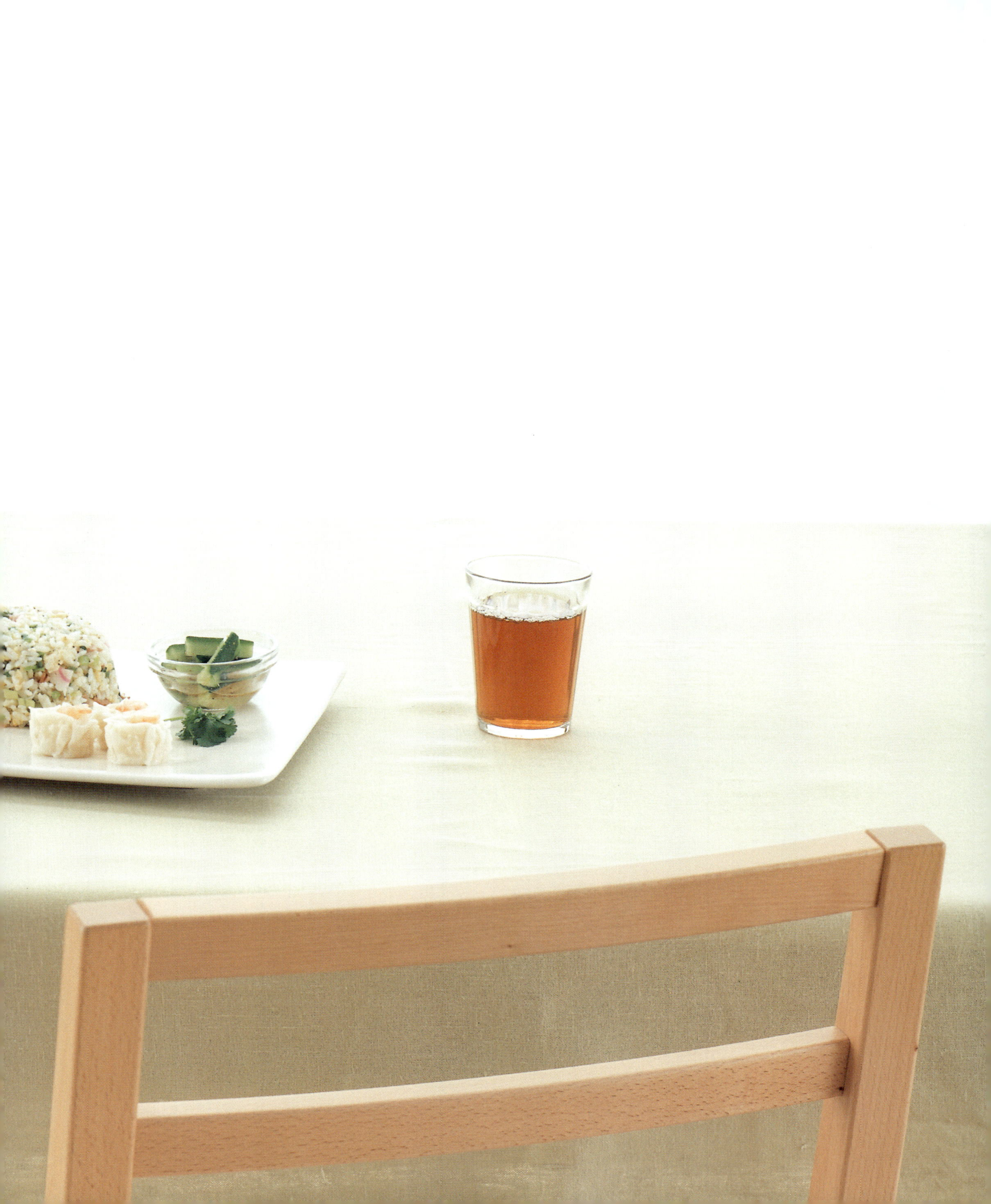

タコキムチチャーハンと
じゃがいものチヂミ

ちょっとピリ辛のチャーハンと、まろやかなじゃがいもチヂミの組み合わせ。
じっくり煮込んだ大根を添えたら、全体がやさしい味わいになりました。

いろんな国を旅するように エスニック風のワンプレートごはん

タコキムチチャーハンと
じゃがいものチヂミ

タコキムチチャーハン

材料（2人分）
- 白菜キムチ…80g
- にら…10本
- ゆでダコ（足）…1本
- ごま油…大さじ1
- 温かいごはん…300g
- コチュジャン…大さじ1
- 塩、こしょう…各少々

作り方
1. キムチとにらは細かく刻み、タコは薄切りにする。
2. フライパンにごま油を熱し、キムチとタコを炒める。全体に油がまわったらごはんを加えて炒め合わせ、コチュジャン、塩、こしょうで調味する。
3. 最後ににらを加えて全体を混ぜたら火を止める。

大根牛肉煮

材料（2人分）
- 大根…300g
- 水…1 1/2カップ
- 牛肉切り落とし…100g
- **A**
  - しょうが（せん切り）…1かけ
  - 酒…大さじ2
  - 塩、こしょう…各少々

作り方
1. 大根は1.5cm厚さのいちょう切りにして鍋に入れ、水を加えて火にかける。沸騰したら火を弱めて7分ほど煮る。
2. 食べやすく切った牛肉を加え、出てきたあくを取り、Aを加え、クッキングシートなどで落としぶたをして、さらに7〜8分、大根がやわらかくなるまで煮る。

じゃがいものチヂミ

材料（2人分）
- じゃがいも…1個
- 万能ねぎ…2本
- 赤ピーマン…少々
- ごま油…小さじ2
- ピザ用チーズ…大さじ1 1/2
- **たれ**
  - しょうゆ、みりん、酢、水…各小さじ1
  - 白ごま…少々

作り方
1. じゃがいもは皮をむいてすりおろし、ざるに上げ、5分くらいおいて水気を切る。ざるの下に器を置いて落ちた水分を受けておき、上澄みだけ捨てて、残ったでんぷんはすりおろしたじゃがいもと混ぜ合わせる。
2. 万能ねぎは斜め切り、赤ピーマンは細切りにする。たれの材料は混ぜ合わせておく。
3. フライパンにごま油を熱し、1を4等分して丸く広げる。万能ねぎ、ピーマン、ピザ用チーズを散らし、片側がきつね色になったら返して中まで火を通す。たれを添える。

じゃがいもは皮をむいたら手早くすりおろして、ざるにとり、ざるの下に器を置いて水分をとっておく。水分に含まれるでんぷんも使うので、捨てないで。

豚肉のキムチ巻きとビビンバごはん

韓国料理の定番、ビビンバをおしゃれなプレートに盛りつけました。
食べるときは、豪快に混ぜてめし上がれ。

豚肉のキムチ巻き

材料（2人分）
豚肉（ホホやバラ）焼肉用…200g
塩…小さじ1/3
こしょう…少々
長ねぎ（小口切り）…1/3本
ごま油…大さじ1/2
白菜キムチ…100g
サラダ油…小さじ1

作り方
1 豚肉に塩、こしょうをもみ込み、長ねぎとごま油をからめる。
2 1に白菜キムチを巻く。
3 フライパンを中火で熱し、サラダ油で2を焦げないように両面焼く。

ビビンバ

材料（2人分）
なす…1本
ごま油…小さじ1
A　塩、しょうゆ、おろしにんにく…各少々
ほうれん草…1/2束
B
　ごま油…小さじ1
　塩…少々
　白ごま…少々
にんじん…1/3本
C
　ごま油…小さじ1
　塩…少々
豆もやし…100g
D
　ごま油…小さじ1
　塩、おろしにんにく…各少々
ごはん…適量
コチュジャン…適量
韓国のり…6枚

作り方
1 なすは縦半分に切って斜めに薄切りにし、さっと水にくぐらせてあくを抜き、水気を切る。ごま油で炒め、しんなりとしたらAで調味する。
2 ほうれん草は熱湯でゆでて冷水にとり、水気を絞って3cm長さに切る。Bであえる。
3 にんじんはせん切りにして熱湯でさっとゆで、ざるに上げて熱いうちにCであえる。
4 豆もやしは熱湯で3〜4分、豆がやわらかくなるまでゆでてざるに上げ、Dであえる。
5 器にごはんを盛り、1〜4をごはんのそばに並べ、コチュジャン、韓国のりを添え、豚肉のキムチ巻きを盛りつける。

いろんな国を旅するように
エスニック風のワンプレートごはん

豚肉のキムチ巻きと
ビビンバごはん

ガパオライスとアサリのレモングラス蒸し

ガパオライスは、バジル風味のひき肉炒めと半熟卵の目玉焼きをごはんにのせた
タイのごはん。目玉焼きの卵をくずして全体を混ぜていただきます。

いろんな国を旅するように エスニック風のワンプレートごはん

ガパオライスとアサリのレモングラス蒸し

ガパオライス

材料（2人分）
玉ねぎ…1/2個
にんにく…1かけ
赤ピーマン…1個
サラダ油…大さじ1/2
豚ひき肉…200g
A
　ナンプラー…小さじ1
　砂糖…小さじ1
　オイスターソース…大さじ1/2
バジルの葉…2枝分
卵…2個
ごはん…300g

作り方
1. 玉ねぎ、にんにくはみじん切りに、赤ピーマンは細切りにする。
2. フライパンにサラダ油を熱し、にんにくを炒める。香りが出てきたらひき肉を加え、ぽろぽろになるまで炒める。
3. 玉ねぎを加えて透き通るまで炒めたら、Aで調味、赤ピーマンを加えて、汁気がなくなるまで全体を混ぜる。火を止めてちぎったバジルの葉を加える。卵はフライパンにサラダ油適量（分量外）を熱し、目玉焼きにする。
4. 器にごはんを盛り、3のひき肉炒めをかけ、目玉焼きをのせる。

ひき肉から出た脂が透明になり、肉がぽろぽろになるまでしっかり炒めるとうまみが出ておいしい。

アサリのレモングラス蒸し

材料（2人分）
アサリ…200g
レモングラス…2本
香菜の根…1本（あれば）
酒…大さじ1
レモン汁…小さじ1

作り方
1. アサリは塩水につけて砂出しし、殻をこすり合わせて汚れを落とす。
2. 鍋にアサリ、レモングラス、香菜の根、酒を入れ、ふたをして火にかける。
3. 殻が全部開くまで2〜3分加熱したら火を止めて、レモン汁をふりかけて器に盛る。

レモングラスが余ったら、紅茶などに入れるとさわやかな風味が楽しめます。

タイ風さつま揚げと
タイビーフンのオイスターソース炒め

オイスターソースとナンプラーの味つけで、タイ風味を満喫。
カレーペーストを加えたタイ風さつま揚げがアクセントです。

タイビーフンのオイスターソース炒め

材料（2人分）
タイビーフン…100g
玉ねぎ…1/2個
ピーマン…1個
赤ピーマン…1個
にんにく、しょうが…各1かけ
もやし…100g
ごま油…大さじ1
- A
  - 鶏がらスープ…1/2カップ
  - 砂糖…小さじ1/2
  - オイスターソース…大さじ1
  - ナンプラー…小さじ1
  - こしょう…少々

作り方
1. ビーフンはぬるま湯に10分ほど浸して硬めに戻しておく。玉ねぎ、ピーマン、赤ピーマンは薄切りに。にんにく、しょうがはみじん切りにする。もやしは根を取っておく。
2. フライパンにごま油を熱してにんにく、しょうがを炒める。香りがしてきたら玉ねぎを加える。
3. 油がまわったらビーフンを加え、Aを加える。
4. ビーフンに火が通ってやわらかくなったら、フライパンをあおるようにして水分を飛ばし、もやし、ピーマン、赤ピーマンを加え、ひと混ぜしたら火を止めて器に盛る。

タイ風さつま揚げ

材料（2人分）
魚のすり身
（タラ、イワシなど）…200g
砂糖…小さじ1/2
レッドカレーペースト…大さじ1
香菜の茎…4本分
香菜の葉…少々
揚げ油…適量
- たれ
  - ナンプラー…大さじ1/2
  - 砂糖…大さじ1
  - 酢…大さじ1/2
  - きゅうり（刻む）…1/4本
  - 香菜（葉の部分）…4本分
  - ピーナツ（刻む）…5個

作り方
1. 魚のすり身はボウルに入れ、砂糖、レッドカレーペースト、刻んだ香菜の茎を加えてよく混ぜる。
2. 手に水をつけて1を4等分にし、表面をなめらかにして円盤型に丸める。
3. 170℃に熱した油で表面がきつね色になるまで揚げて香菜の葉をのせる。
4. たれの材料を混ぜる。
5. 3と4を盛りつける。

いろんな国を旅するように
エスニック風のワンプレートごはん

タイ風さつま揚げと
タイビーフンの
オイスターソース炒め
揚げ春巻きとベトナム風サラダ

揚げ春巻きと ベトナム風サラダ

生春巻きを揚げると、
もちもちの食感になるんです。
ミントと香菜を加えた
香り豊かなサラダで
後味もさわやか。

揚げ春巻き

材料（2人分）

- A
  - 豚ひき肉…100g
  - おろしにんにく…小さじ1/2
  - おろししょうが…小さじ1/2
  - 香菜（刻む）…2本
  - ニョクマム…小さじ1
  - こしょう…少々
  - 片栗粉…小さじ1/2
- 春雨…5g
- 生春巻きの皮（小）…6枚
- 揚げ油…適量
- たれ
  - 砂糖…小さじ2
  - ニョクマム…小さじ1
  - レモン汁…小さじ1
  - 水…小さじ1
  - にんにく（みじん切り）、
  - 唐辛子（輪切り）…各少々

作り方

1. ボウルにAを加えてよく混ぜる。春雨は戻して刻み、加える。
2. 春巻きの皮はさっと水にくぐらせて戻し、1を6等分したものを包む。
3. 揚げ油を170℃に熱し、2を入れて揚げる。皮同士がくっつきやすいので離して入れる。
4. 2〜3分加熱して表面がかりっとしたら取り出し、油を切る。たれの材料を混ぜ合わせて添える。

ベトナム風サラダ

材料（2人分）

- れんこん…50g
- セロリ…1/2本
- クレソン…小1束
- ミントの葉…少々
- 香菜…4本
- トマト…1個
- グリーンカール…3枚
- ドレッシング
  - ニョクマム…小さじ2
  - 酢…小さじ2
  - 砂糖…小さじ1
  - オリーブ油…小さじ2

作り方

1. れんこんは半分に切って薄くスライスし、熱湯にさっとくぐらせて冷水にとり、ざるに上げる。セロリは薄切り、クレソン、ミント、香菜は葉を摘み、トマトはくし形切り、グリーンカールはちぎる。
2. ボウルにドレッシングの材料を混ぜ合わせ、1の野菜を加えてやさしくあえて器に盛る。

※ニョクマムは魚の塩漬けから作った魚醤。ベトナム料理で使われます。

66

いろんな国を旅するように
エスニック風のワンプレートごはん
手作り中華風蒸しパンと
牛肉のみそ炒め

手作り中華風蒸しパンと牛肉のみそ炒め

コロンとした形がかわいい手作り蒸しパンと、ちょっと濃い味つけの牛肉炒めを
レタスで包んだ中華風のプレートです。飲茶感覚で楽しんで。

手作り中華風蒸しパン

材料（2人分）
薄力粉…150g
ベーキングパウダー…5g
塩…小さじ1/4
砂糖…大さじ1強
水…60〜70ml
サラダ油…大さじ1
打ち粉…適量

作り方
1. 薄力粉とベーキングパウダーはふるってボウルに入れる。真ん中をくぼませて塩、砂糖を置き、水とサラダ油を合わせたものを加え、箸で混ぜていく。
2. 生地が硬いようなら水を少量ずつ足し、手のひらを使ってこねていく。
3. 手に生地がつかなくなり、全体がまとまってきたら表面をなめらかにして丸め、ラップをかけて30分休ませる。
4. 平らな台に打ち粉をして棒状に伸ばし、6等分して表面がなめらかになるように丸める。よく切れる包丁で生地に切れ目を入れる。
5. 蒸し器に湯を沸かし、クッキングシートを敷いた上にのせて、強火で7〜8分蒸す。

蒸しパンの生地は、手でしっかりこねます。生地が手につかなくなったらOK。

牛肉のみそ炒めのレタス包み

材料（2人分）
牛肉もも焼肉用…150g
塩、こしょう…各少々
A
├ 酒…小さじ1
└ 片栗粉…小さじ1/2
干ししいたけ…3枚
しょうが…1かけ
長ねぎ…7cm
B
├ 砂糖…大さじ1
├ テンメンジャン…大さじ1 1/2
└ 酒…大さじ1/2
サラダ油…大さじ1/2
ごま油…小さじ1
レタス（中心のほう）…6枚

作り方
1. 牛肉は細切りにして塩、こしょう、Aをもみこんでおく。干ししいたけは戻してせん切りに、しょうがはみじん切りに。ねぎは長さを半分に切って白髪ねぎにする。
2. フライパンにサラダ油を熱し、しょうがを炒め、香りが出てきたら、牛肉、干ししいたけを加え、肉の色が変わりはじめたらほぐすように炒める。
3. 肉に火が通ったら合わせておいたB、塩、こしょうで味をととのえ、最後にごま油をまわし入れる。
4. レタスに3を入れ、上に白髪ねぎをのせる。

ゆで野菜

材料（2人分）
青梗菜…1株
塩、ごま油…各少々

作り方
1. 青梗菜は食べやすい大きさに切る。湯を鍋に2cmくらい沸かし、塩、ごま油数滴を加えたところに青梗菜を入れる。
2. 全体を混ぜ、青梗菜の色が鮮やかになったらざるに上げて水気を絞る。

汁なし混ぜそば

ひき肉とザーサイたっぷりの具をのせた、つゆなしの中華麺。豪快に混ぜて食べるのがおいしい！

材料（2人分）
中華麺…2食
豚ひき肉…150ｇ
しょうが（みじん切り）…小さじ1
ごま油…小さじ2
いんげん…8本
しょうゆ…小さじ2
こしょう…少々
ザーサイ（味つけタイプ）…30ｇ
干しエビ…大さじ2
サラダ油…小さじ1
もやし…120ｇ
長ねぎ…10cm
豆板醤…少々

作り方
1. 豚ひき肉はしょうがとともにごま油小さじ1でぽろぽろになるまで炒め、斜めに切ったいんげんも加え、火が通ったら、しょうゆとこしょうで調味する。ザーサイはみじん切りにする。
2. 干しエビは少量の水で戻し、みじん切りにしてサラダ油で炒める。もやしは根を取ってさっとゆでる。ねぎは小口切りにする。
3. 熱湯で中華麺をゆで、ざるに上げて別に沸かした湯をかけてぬめりを取る。しっかり水気を切り、残りのごま油をからめておく。
4. 中華麺を器に盛り、1と2の具をのせる。
5. 食べるときに全体をよく混ぜ、豆板醤を好みで加える。

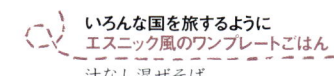

いろんな国を旅するように
エスニック風のワンプレートごはん
汁なし混ぜそば
カレービーフン

カレービーフン

カレー風味のビーフン炒めはシンガポールの定番メニュー。スペアリブをどんと添えてボリュームアップ。

カレービーフン

材料（2人分）
- ビーフン…120g
- A
  - 玉ねぎ…小1/2個
  - 生しいたけ…3個
  - 赤ピーマン…1個
- シーフードミックス（冷凍）…100g
- サラダ油…大さじ1
- カレー粉…大さじ1/2
- 水…1/2カップ
- 塩…小さじ1/4
- 中華スープの素…小さじ1
- 万能ねぎ…4本
- ごま油…小さじ1

作り方
1. ビーフンは、はさみで食べやすい長さに切り、10分ほど水に浸して戻す。Aはすべてせん切りにする。シーフードミックスは半解凍して表面の氷を溶かす。
2. サラダ油でAを炒め、全体に油がまわったら、シーフードミックス、カレー粉を加えて炒める。
3. 水と戻したビーフンを加えて塩、中華スープの素をふり入れる。
4. 水気がなくなったらざく切りにした万能ねぎとごま油を加えてさっと混ぜる。

スペアリブの甘辛焼き

材料（2人分）
- スペアリブ…2本
- 漬け汁
  - テンメンジャン…小さじ1
  - 砂糖…小さじ2
  - しょうゆ、酒…各小さじ2
  - 五香粉…小さじ1/4
  - 塩…小さじ1/4
  - おろしにんにく…小さじ1/4
- ター菜…1/2株
- 塩、ごま油…各適量

作り方
1. ビニール袋に漬け汁の材料を合わせ、スペアリブを加えてよくもみ、なじませる。時間があれば半日ほど漬け込む。
2. 1の汁気を切ってアルミホイルにのせ、魚焼きグリルに入れて中火で加熱。表面が焦げてきたらホイルをかけて、火を弱め、15分ほど焼く。
3. 鍋に2カップの湯を沸かし、ごま油数滴と塩少々を加えてター菜を色よくゆでる。水気を絞ってスペアリブとともに盛りつける。

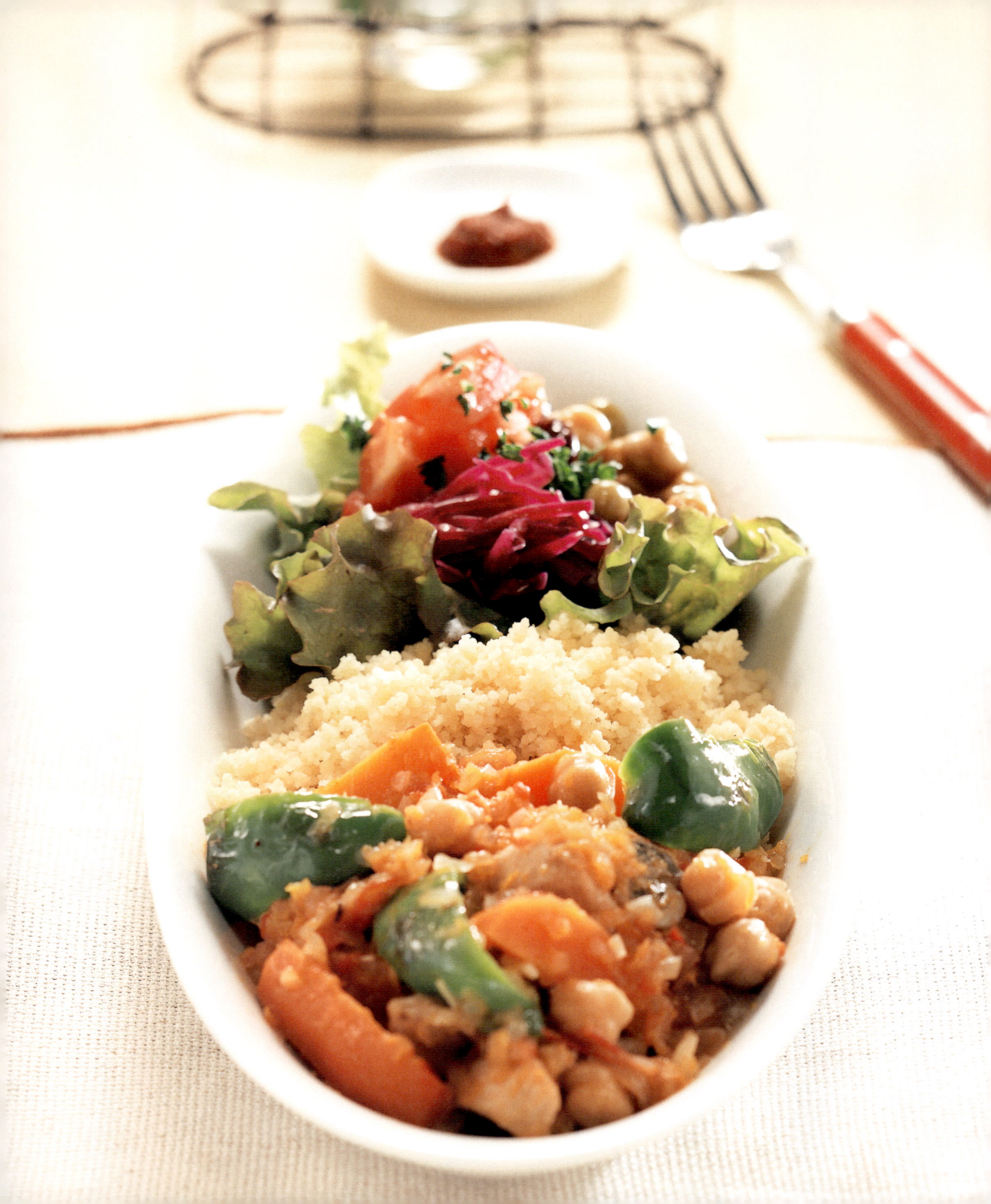

いろんな国を旅するように
エスニック風のワンプレートごはん

鶏と野菜のトマト煮、
クスクスを添えて

鶏と野菜のトマト煮、クスクスを添えて

ひよこ豆たっぷりの鶏のトマト煮は、クスクスと合わせて
アフリカ風のヘルシーなプレートに。

鶏と野菜のトマト煮

材料（2人分）
鶏骨つきぶつ切り……300g
塩、こしょう…各少々
玉ねぎ…1/2個
にんにく…1かけ
にんじん…1/4本
オリーブ油…大さじ1 1/2
クミンシード…小さじ1/2
トマト…1個
ブイヨン…3カップ
ひよこ豆ドライ缶…100g
ピーマン…1個
- クスクス…150g
- 湯…180ml
- オリーブ油…大さじ1
- 塩…小さじ1/4

作り方
1. 鶏肉は塩小さじ1/4とこしょう少々をもみ込んでおく。玉ねぎ、にんにくはみじん切りに、にんじんは棒状に切る。
2. 鍋にオリーブ油とクミンシードを入れて火にかける。ぷつぷつしてきたらにんにく、玉ねぎを加えて炒める。玉ねぎがしんなりとしてきたら鶏肉を加え、色が変わるまで炒める。
3. 刻んだトマトも加えて、トマトの形がなくなるくらいに炒めたらブイヨンを加える。
4. 沸騰したらあくを取り、にんじん、ひよこ豆を加え、火が通るまで15〜20分弱火で煮る。
5. 最後に食べやすく切ったピーマンを加え、塩、こしょうで味をととのえる。
6. クスクスは耐熱容器に入れて湯、オリーブ油、塩を合わせたものを注ぎ、全体を混ぜてラップをかけ、電子レンジで約3分加熱して戻す。ラップをはずし、全体をかき混ぜる。
7. 器にクスクス、トマト煮を盛りつける。

豆と野菜のサラダ

材料（2人分）
紫キャベツ…150g
ミックス豆ドライ缶…120g
トマト…1/2個
塩…少々
- ドレッシング
- オリーブ油…大さじ1 1/2
- レモン汁…大さじ1/2
- 塩、こしょう…各少々
プリーツレタス…1枚
パセリ（みじん切り）…少々

作り方
1. ドレッシングの材料を合わせておく。
2. 紫キャベツをせん切りにして熱湯で2分ほどゆでてざるに上げ、湯を切る。
3. 2にドレッシングの半量を加えてあえ、冷めるまでおいておく。残りのドレッシングでミックス豆をあえておく。トマトはさいの目に切って塩少々で調味する。
4. プリーツレタスの上に3を盛り、パセリをふる。

クスクスは、デュラム小麦から作られた小さな乾燥パスタ。お湯とオリーブ油、塩を加えて加熱するだけでかんたんに戻ります。豆と野菜の煮汁をかけて食べるのが北アフリカ風。

材料（2人分）

キャベツ…小1/4個
玉ねぎ…1/4個
アボカド…1/2個
ホールコーン缶…60g
ツナ缶…小1缶
チリビーンズ
　玉ねぎ（みじん切り）…大さじ2
　オリーブ油…小さじ1
　キドニービーンズ…60g
　チリパウダー…大さじ1/2
　ブイヨン…1/2カップ
　塩、こしょう…各少々
トルティーヤチップス…10枚
サルサドレッシング
　トマト（ざく切り）…1/4個
　玉ねぎ（みじん切り）…大さじ2
　レモン汁…大さじ1
　オリーブ油…大さじ1 1/2
　香菜（刻む）…4本

作り方

1. チリビーンズを作る。オリーブ油で玉ねぎを透き通るまで炒める。キドニービーンズ、チリパウダーを加え混ぜ、ブイヨンを注ぐ。塩、こしょうをして煮汁がなくなるまで弱火で煮込む。
2. キャベツはせん切りにし、玉ねぎは薄切りにしてさっと水に通してざるに上げる。サルサドレッシングの材料を合わせておく。
3. 器にキャベツを山盛りに盛り、上に、チリビーンズ、玉ねぎ、スプーンですくったアボカド、ホールコーン、油を切ったツナ缶、トルティーヤチップスをのせる。
4. 食べるときにサルサドレッシングをかけて全体をよく混ぜる。

メキシコ風サラダ

野菜の上にたっぷりのチリビーンズとアボカド、ホールコーン、トルティーヤチップスをのせました。
トマトと香菜の風味のサルサドレッシングで、メキシカンの味わい満点！

いろんな国を旅するように
エスニック風のワンプレートごはん
メキシコ風サラダ
ジャンバラヤ

ジャンバラヤ

材料（2人分）
トマト…小1個
鶏肉…1/2枚
チョリソー…4本
にんにく（みじん切り）…1かけ
玉ねぎ（みじん切り）…1/2個
セロリ（みじん切り）…1/4本
オリーブ油…大さじ1
A
　ローリエ…1枚
　パプリカ…大さじ2/3
　チリパウダー…大さじ1
　オレガノ…小さじ1
　スープの素…小さじ1
塩…小さじ1/4
こしょう…少々
ごはん…400g
パプリカ（赤、黄）…各1/4個
イタリアンパセリ…少々

作り方
1 トマトはざく切り、鶏肉は1cm角に切る。チョリソーは斜め切りにする。
2 フライパンににんにくとオリーブ油を入れて火にかける。香りが出てきたら玉ねぎ、セロリを加え、透き通ってしんなりとするまで炒める。
3 鶏肉を加えて色が変わったらトマトを加え、Aと水1/2カップを加える。
4 沸騰したら塩、こしょうを加え、水分がなくなるまで煮詰める。チョリソーとごはんを加えて全体を炒める。
5 パプリカは棒状に切り、オリーブ油少々（分量外）で炒め、4とともに盛りつける。イタリアンパセリを飾る。

おくらの煮込み

材料（2人分）
おくら…10本
玉ねぎ…1/4個
オリーブ油…大さじ1/2
にんにく（みじん切り）…1/2かけ
トマト…1個
塩…小さじ1/4
こしょう…少々

作り方
1 おくらはガクを取り、長さを半分に。玉ねぎは薄切りにする。
2 フライパンにオリーブ油とにんにくを入れて火にかける。香りが出てきたら玉ねぎを炒め、しんなりとしたらおくら、ざく切りのトマトを加え、塩、こしょうをする。
3 トマトの形がなくなっておくらがやわらかくなるまで煮て火を止める。

ジャンバラヤ

カラフルな野菜を加えたジャンバラヤに、
おくらの煮込みを添えて、野菜たっぷりのプレートに。

ひき肉とグリーンピースのカレーと
タンドリーチキン

インド料理の定番、カレーとタンドリーチキンの組み合わせ。
自家製タンドリーチキンは、意外にかんたんでとってもおいしいから、ぜひ試してみて。

ひき肉とグリーンピースのカレー

材料（2人分）
豚ひき肉…250g
にんにく（みじん切り）…1かけ
しょうが（みじん切り）…1かけ
玉ねぎ（みじん切り）…1/2個
トマト（ざく切り）…1個
クミンシード…小さじ1/2
ローリエ…1枚
サラダ油…大さじ1
カレー粉…大さじ2
水…1カップ
コンソメスープの素…1個
グリーンピース（冷凍）…100g
プレーンヨーグルト…大さじ2
塩…小さじ1/3
香菜…1本
ナン（市販）…2枚

作り方
1. フライパンにクミンシード、ローリエとサラダ油を入れて火にかける。クミンシードのまわりで油がふつふつとしてきたらにんにく、しょうが、ひき肉を加えて炒める。ひき肉がぽろぽろになったら玉ねぎを加え、透き通るまで炒める。
2. 1にカレー粉を加えて混ぜたらトマトを加える。トマトの形がなくなるくらいに炒めたら水とスープの素を加える。沸騰したら火を弱めて約10分煮る。
3. 水気が1/3程度になったら、凍ったままのグリーンピースを加え、5分ほど煮て、最後にヨーグルトと塩で調味する。
4. 器に盛って刻んだ香菜を散らし、オーブントースターでさっと温めたナンを添える。

トマトのミントサラダ

材料（2人分）
トマト（1cm角の角切り）…小1個
塩…少々
オリーブ油…小さじ1
ミント…1本

作り方
1. ミントの葉をちぎり、材料をすべてあえる。

玉ねぎのサラダ

材料（2人分）
玉ねぎ…1/4個
塩…少々
クミンシード…1つまみ
レモン汁…小さじ1/2
オリーブ油…小さじ1

作り方
1. 玉ねぎは薄切りにして塩少々をふり、軽く混ぜる。しんなりとしたらクミンシード、レモン汁、オリーブ油であえる。

タンドリーチキン

材料（2人分）
鶏胸肉（皮なし）…1枚
塩…小さじ1/3
A
┌ プレーンヨーグルト…100g
│ おろしにんにく…小さじ1/3
│ カレー粉、パプリカ…各小さじ1
└ オリーブ油…大さじ1/2

作り方
1. 鶏肉は厚い部分を包丁で開き、塩をすり込む。
2. ビニール袋に、Aを入れて混ぜ、1の鶏肉を入れて肉にしみ込むようにもんでおく。
3. 最低1時間ほど漬けおきしたら、手でヨーグルトだれをこすり取り、魚焼きグリルまたはオーブントースターにアルミホイルを敷いて焼く。焦げやすいので、途中ホイルをかぶせたり、弱火にするなどの調節をしながら10〜15分ほど焼く。
4. 食べやすく切る。

ビニール袋にタンドリーチキン用の漬けだれを作ったら、鶏肉をもみ込んで、1時間以上おいて味をしみ込ませます。前の晩に準備して冷蔵庫に入れておいてもOK。

いろんな国を旅するように
エスニック風のワンプレートごはん

ひき肉と
グリーンピースのカレーと
タンドリーチキン

焼き餃子と卵チャーハンの チャイニーズプレート

中華料理の定番の組み合わせも、プレートに並べると何だかかわいくなっちゃいます。

タコときゅうりのからしあえ

材料（2人分）
- きゅうり…1/2本
- 塩…小さじ1/5
- ゆでダコ（足）…1本
- 砂糖…1つまみ
- 練りからし…小さじ1/3
- 酢…小さじ1
- ごま油…小さじ1

作り方
1. きゅうりは皮を縞になるように縦にむき、軽くたたいて食べやすく切り、塩をふって5分おく。タコは乱切りにする。
2. ボウルに砂糖、からし、酢、ごま油を入れて混ぜ、1を加えてあえる。

焼き餃子

材料（2人分）
- キャベツ…2枚
- セロリ…10cm
- 玉ねぎ…1/4個
- 豚ひき肉…100g
- 塩…小さじ1/3
- こしょう…少々
- ごま油…小さじ1
- しょうゆ…小さじ1/2
- おろししょうが…小さじ1
- 片栗粉…小さじ1
- 餃子の皮…10枚
- サラダ油…少々
- 酢、しょうゆ、ラー油…各適量

作り方
1. キャベツはラップをかけて電子レンジで約1分半加熱、冷めたらみじん切りにする。セロリ、玉ねぎもみじん切りにする。
2. ボウルにひき肉を入れ、塩、こしょう、ごま油を入れて粘りが出るまでよく混ぜる。
3. 2にしょうゆ、おろししょうが、1、片栗粉を加えて再びよく混ぜる。
4. スプーンで3を餃子の皮の中央にのせ、ふちに水をつけてひだをとりながら包む。
5. フライパンを温め、サラダ油を広げ、4を並べる。湯を50mlほど注ぎ、ふたをして弱火で5分ほど蒸し焼きにする。水分がなくなったら再び油少々をたらし、ふちに焼き色がついてきたら火を止め、器に盛りつける。
6. 酢、しょうゆ、ラー油で適宜たれを作り、添える。

ねぎ卵チャーハン

材料（2人分）
- 卵…2個
- 温かいごはん…300g
- 長ねぎ（みじん切り）…1/2本
- グリーンピース（冷凍）…大さじ山盛り1
- サラダ油…大さじ1
- A
  - 塩、こしょう…各少々
  - 鶏がらスープの素…1つまみ

作り方
1. フライパンにサラダ油を熱し、溶き卵を流す。全体をさっとかき混ぜ、やわらかい半熟状になったら、ごはんを加えて卵となじませるように混ぜる。
2. 1に長ねぎと、凍ったままのグリーンピースを加え、Aで調味する。
3. 火を止めて茶碗などに詰めて形を作り、器に盛りつける。

> いろんな国を旅するように
> **エスニック風のワンプレートごはん**

焼き餃子と卵チャーハンの
チャイニーズプレート

ザーサイピータン豆腐丼と
しそ巻きエビ天

ザーサイピータン豆腐丼

材料（2人分）
- ピータン…1個
- 干しエビ…大さじ1
- ザーサイ（味つけ）…30g
- 長ねぎ…1/4本
- 絹ごし豆腐…200g
- ごま油…大さじ1/2
- しょうゆ…大さじ1/2
- 温かいごはん…丼2杯分
- 香菜…6本

作り方
1. ピータンは殻をむいて半分に切り、30分ほどおいておくとにおいが和らぐ。そのあと1cmのさいの目に切る。少量の水で戻した干しエビ、ザーサイ、長ねぎはみじん切りにする。
2. 豆腐は軽く水気を切って1.5cmのさいの目に切り、ピータン、ごま油、しょうゆとあえる。
3. ごはんを器に盛り、2をのせ、1の干しエビ、ザーサイ、ねぎ、刻んだ香菜を散らす。

しそ巻きエビ天ぷら

材料（2人分）
- エビ…4本
- 塩…少々
- 薄力粉…少々
- 青じそ…2枚
- 衣
  - 薄力粉…大さじ3
  - 片栗粉…大さじ1/2
  - ベーキングパウダー…小さじ1/2
  - 水…大さじ3
  - サラダ油…小さじ1
- 揚げ油…適量

作り方
1. エビは尾を残して殻と背ワタを取り、腹側に切れ目を入れて塩少々をふっておく。
2. 衣は薄力粉、片栗粉、ベーキングパウダーを合わせ、水、サラダ油を加え、だまのないように混ぜる。
3. エビは薄力粉を尾以外に薄くつけ、半分に切った青じそで巻き、2の衣にくぐらせ、175℃に熱しておいた油でからりと揚げる。
4. 好みで山椒を混ぜた塩をつける。

きゅうりのピリ辛

材料（2人分）
- きゅうり…1/2本
- 塩…2つまみ
- しょうが…1/2かけ
- 酢…大さじ1/2
- ラー油…少々

作り方
1. きゅうりは皮を縞になるようにむいて軽くたたき、食べやすく棒状に切る。塩をふり、5分おく。
2. 1にせん切りにしたしょうが、酢、ラー油を加えてあえる。

ザーサイピータン豆腐丼としそ巻きエビ天

細かく刻んだピータンと豆腐が、
ごはんとからんでとっても食べやすい中華風丼です。
香菜とごま油の香りもアクセントになって、
風味も楽しめます。

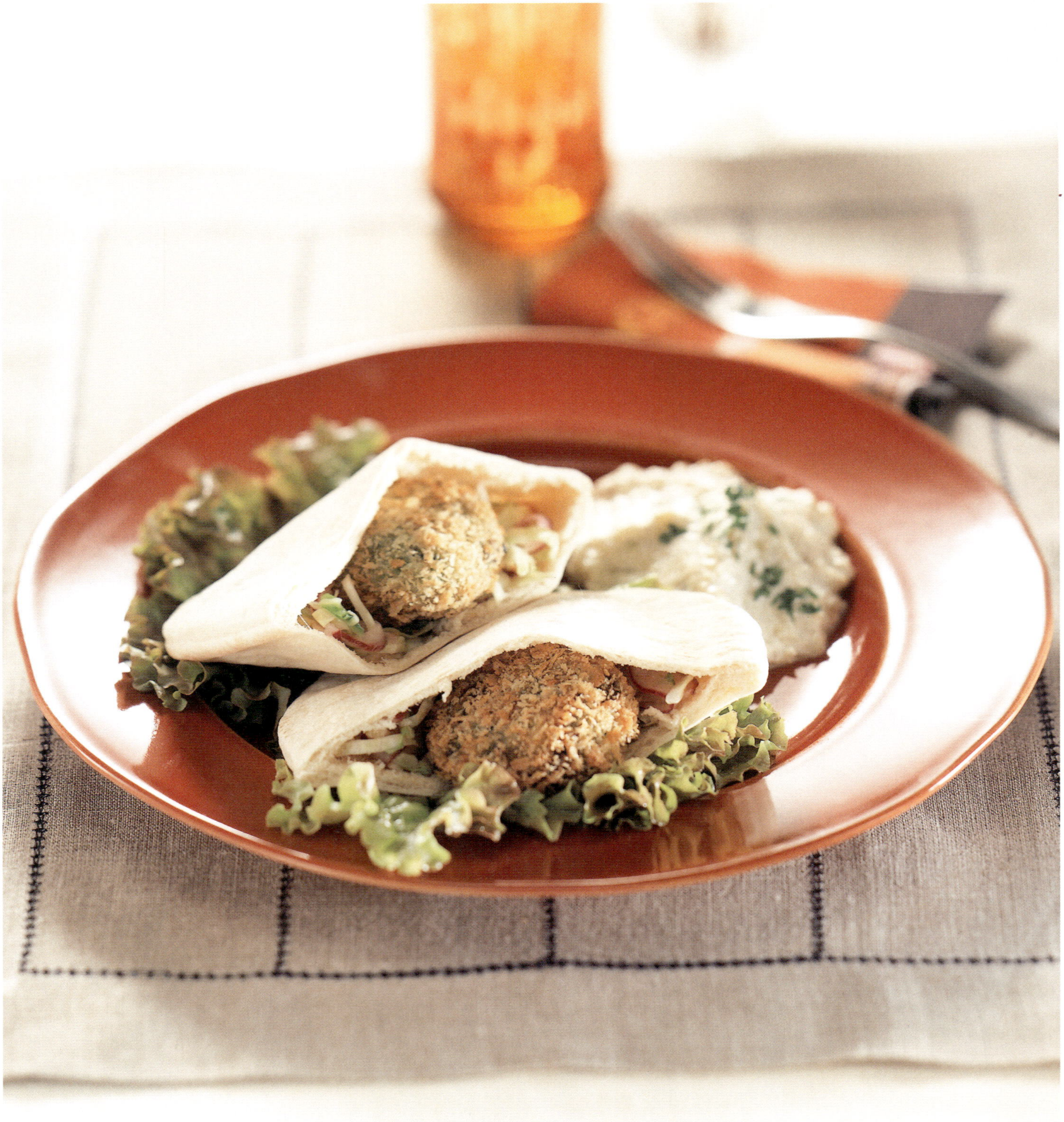

グリーンピースコロッケ入りピタサンド

つぶしたグリーンピースたっぷりのボール形コロッケをピタパンにサンド。
とってもヘルシーです。

グリーンピースコロッケ入りピタサンド

材料（2人分）

- クミンシード…1つまみ
- オリーブ油…小さじ1
- 玉ねぎ（みじん切り）…1/4個
- グリーンピース（冷凍）…150g
- A
  - 水…1/3カップ
  - コンソメスープの素（顆粒）…1つまみ
  - 塩、こしょう…各少々
- 小麦粉…大さじ3
- パン粉…1/2カップ
- 揚げ油…適量
- 紫玉ねぎ…1/6個
- キャベツ…1枚
- ヨーグルトソース
  - ヨーグルト…大さじ3
  - おろしにんにく…少々
  - 塩、こしょう…各少々
- ピタパン…2個
- サニーレタス…2枚

作り方

1. 鍋にオリーブ油とクミンシードを入れて火にかける。香りが出てきたら玉ねぎを加えて透き通るまで炒める。凍ったままのグリーンピースを加えて炒め、Aを加えて水気がなくなるまで煮る。
2. 火を止めて熱いうちに1をすり鉢でつぶす。粒がつぶれて、全体がねっとりするくらいになったらゴルフボールくらいに丸める。
3. 小麦粉少々を全体にふり、残りの小麦粉と水大さじ2強で溶いたものにくぐらせ、パン粉をつける。
4. 175℃に熱した油できつね色に揚げて油を切る。
5. 紫玉ねぎとキャベツはせん切りにし、さっと冷水にくぐらせてしっかり水気を切る。
6. ヨーグルトとにんにく、塩、こしょうを合わせてヨーグルトソースを作る。
7. ピタパンは半分に切ってオーブントースターでさっと温め、4と5をはさむ。
8. 7をサニーレタスとともに器に盛りつけ、6のソースをかけていただく。

グリーンピースと玉ねぎを炒め煮したら、麺棒を使ってしっかりつぶします。すり鉢がない場合は写真のようにボウルでも大丈夫。

なすのサラダ

材料（2人分）

- なす…1本
- A
  - オリーブ油…小さじ1
  - おろしにんにく…少々
  - 塩、こしょう…各少々
  - ヨーグルト…小さじ2
- イタリアンパセリ…少々

作り方

1. なすは網にのせて直火で皮が焦げるまで焼き、皮をむく。包丁でペースト状になるまでたたき、Aを合わせる。刻んだイタリアンパセリを混ぜる。

ナシゴレン

インドネシアの定番チャーハン、ナシゴレン。
野菜やエビせんべいを添えるのもおなじみのスタイルです。

材料（2人分）
- 鶏もも肉…100g
- 玉ねぎ…1/4個
- 干しエビ…大さじ1
- レモングラス…2本
- エビ…4尾
- 塩、こしょう…各少々
- サラダ油…大さじ1 1/2
- 卵…1個
- A
  - おろしにんにく…小さじ1/4
  - チリソース…大さじ1
  - トマトケチャップ…大さじ1/2
- 温かいごはん…300g
- しょうゆ…少々
- 万能ねぎ（小口切り）…4本
- サニーレタス…2枚
- きゅうり（スライス）…1/3本
- トマト（半月切り）…1/2個
- エビせんべい…4枚
- 揚げ油…適量

作り方

1. 鶏肉は1cm角に切り、玉ねぎはみじん切りに、干しエビはさっと水にくぐらせて細かく刻む。レモングラスは4cm長さに切る。エビは殻をむいて背ワタを取り、塩、こしょうで下味をつける。
2. フライパンにサラダ油大さじ1/2を熱し、溶きほぐして塩、こしょうした卵を炒め、半熟状になったら取り出す。
3. 残りのサラダ油でエビを炒める。干しエビを加えて炒め、干しエビがはねるくらいになったら玉ねぎを加え、玉ねぎが透き通ったら鶏肉を加える。
4. Aとレモングラスを加えて炒め、エビだけ取り出し、ごはんを加えて炒める。
5. 塩、こしょう、しょうゆで味をととのえ、2を戻して全体を混ぜ合わせる。万能ねぎを散らし、エビとともに器に盛り、サニーレタス、きゅうりとトマト、175℃の油で揚げたエビせんべいを添える。

※エビせんべいは、スーパーなどのエスニックの食材コーナーで市販されています。見つけたらぜひ添えてみてください。

いろんな国を旅するように
エスニック風のワンプレートごはん

ナシゴレン
海南チキンライス

海南チキンライス

シンガポールでポピュラーなチキンライスです。チキンとごはんは別々に食べてもぶっかけ風に食べてもOK。

海南チキンライス

材料（2人分）
鶏もも肉…1枚
塩…小さじ1/2
こしょう…少々
A
　長ねぎの青い部分、
　しょうがの皮、香菜の根…各少々
　にんにく…1かけ
　酒…大さじ2
　水…2カップ
米…1カップ
しょうが（みじん切り）…1かけ
香菜…6本
しょうゆ、チリソース…各適宜
レモン（くし形切り）…2切れ

作り方
1 鶏肉はフォークで数カ所刺し、塩、こしょうをすり込む。
2 鍋に鶏肉、Aを入れて火にかける。沸騰したらあくを取り、中火で12〜15分煮て中まで火を通す。時間があればそのまま冷ます。
3 米を洗ってざるに上げ、30分おいて炊飯器に入れ、2のゆで汁を目盛りまで入れて炊飯する。
4 鶏肉は食べやすく切り、炊いたごはんとともに盛りつけ、しょうがとちぎった香菜を散らす。しょうゆ、チリソース、レモンを好みで添える。

豆苗炒め

材料（2人分）
豆苗…1/2パック
サラダ油…適量
塩…1つまみ
こしょう…少々

作り方
1 豆苗は食べやすい長さに切る。
2 フライパンを熱してサラダ油をひき、塩を入れたところに豆苗を加え炒める。油がまわって色が鮮やかなグリーンになったらこしょうをして火を止める。

タコス

野菜もたっぷりはさんで、
豪快にほおばれば、口の中でうまみが
じゅわっと広がります。

タコス

材料（2人分）
にんにく（みじん切り）…1かけ
オリーブ油…大さじ1弱
牛ひき肉…150g
玉ねぎ（みじん切り）…小1/2個
- **A**
  - チリパウダー…大さじ1/2
  - 塩…小さじ1/4
  - こしょう…少々
- レタス（細切り）…2枚
- ピーマン（細切り）…1個
- パプリカ（赤）（細切り）…1/4個
- 塩、こしょう…各少々
- フラワートルティーヤ…4枚
- 裂けるチーズ…40g

作り方
1 フライパンににんにくとオリーブ油大さじ1/2を入れて火にかけ、香りが出てきたらひき肉を加えてぽろぽろになるまで炒める。玉ねぎも加えて透き通るまで炒めたら、Aで調味する。
2 ピーマン、パプリカはオリーブ油小さじ1/2で炒め、塩、こしょうをする。
3 フラワートルティーヤはフライパンか電子レンジで温めて1、2、レタスとともに盛りつけ、チーズを細く裂いて添える。

野菜入りオムレツサルサソース

材料（2人分）
玉ねぎ（みじん切り）…大さじ2
ピーマン（角切り）…1/2個
卵…2個
オリーブ油…小さじ3
塩、こしょう…各少々
- **サルサソース**
  - トマト…1/4個
  - 香菜…2本
  - おろしにんにく…少々
  - レモン汁…小さじ1/2
  - タバスコ…少々
  - 塩、こしょう…各少々
  - オリーブ油…大さじ1/2

作り方
1 サルサソースを作る。トマトと香菜は粗く刻み、残りの材料を加えてしばらくおき、味をなじませる。
2 玉ねぎとピーマンはオリーブ油小さじ1で炒める。
3 卵を溶きほぐして2を加え、塩、こしょうをする。
4 小さめのフライパンを温め、3の半量を小さじ1のオリーブ油で炒め、半熟状になったらひとまとめにし、返して焼く。残りも同じように焼く。
5 4を器に盛り、1のサルサソースを添える。

トマトで煮込む定番の豆料理
豚肉と豆の煮込み

材料（2人分）
- 豚ロース…1枚
- 塩、こしょう…各少々
- オリーブ油…大さじ1
- にんにく（みじん切り）…1かけ
- 玉ねぎ（みじん切り）…1/2個
- チリパウダー…大さじ1
- キドニービーンズドライパック缶…100g
- トマト水煮缶…1カップ
- コンソメスープの素…小さじ1/2
- イタリアンパセリ（みじん切り）…少々

作り方
1. 豚肉は一口大に切って塩、こしょうをする。
2. 鍋にオリーブ油を熱し、豚肉の表面を焼いたら取り出し、にんにくと玉ねぎを加えて玉ねぎが透き通るまで炒める。
3. チリパウダー、豆、トマトの水煮を加えて沸騰したら、水1カップ（分量外）とスープの素を加える。
4. 弱火で10分煮て、豆がやわらかくなったら豚肉を戻し、再び10分煮る。最後に塩、こしょうで味をととのえる。器に盛ってイタリアンパセリを散らす。

ピザクラストを添えてめし上がれ
ひよこ豆とひき肉のカレー煮

材料（2人分）
- 合びき肉…150g
- オリーブ油…大さじ1
- クミンシード…小さじ1/2
- にんにく（みじん切り）…1かけ
- 玉ねぎ（みじん切り）…1/2個
- カレー粉…大さじ2
- ひよこ豆ドライパック缶…100g
- トマト（角切り）…1個
- 塩…小さじ1/2
- ピザクラスト…1枚

作り方
1. オリーブ油にクミンシードを入れて火にかけ、香りが出てきたらひき肉を加えてぽろぽろになるまでよく炒める。
2. にんにく、玉ねぎを加えてさらに炒める。玉ねぎが透き通ってしんなりしてきたらカレー粉を加え、ひよこ豆、トマトを加える。
3. 水分がなくなるまで煮たら、塩で味をととのえる。ピザクラストは4等分に切り、オーブントースターでカリッと焼く。

Column 3　エスニック風プレートごはんの定番に
豆料理でエスニック気分

ヘルシーでやさしいうまみの豆料理は、見た目もエスニックなムード。おすすめの4品をご紹介します。

おいしさも栄養もバランスよく
豆とアボカドのサラダ

材料（2人分）
- レタス…4枚
- アボカド…1/2個
- 紫玉ねぎ…1/4個
- ミックス豆ドライパック缶…50g
- チリマヨネーズ
  - マヨネーズ…大さじ3
  - チリパウダー小さじ1
  - レモン汁…小さじ1
  - 塩、こしょう…各少々

作り方
1. レタス、アボカドは一口大に切り、玉ねぎは薄切りにし、豆とともに器に盛りつける。
2. チリマヨネーズの材料を合わせ、細い絞り袋に入れて全体にかける。

※絞り袋がなければ、ビニール袋の角を小さく切ったもので代用できる。

ヨーグルトを混ぜたトルコ風の豆料理
豆のペースト

材料（2人分）
- いんげん豆水煮缶…300g
- A
  - おろしにんにく…少々
  - プレーンヨーグルト…大さじ2
  - オリーブ油…大さじ1
  - クミンパウダー…小さじ1/3
  - 塩、こしょう…各少々
- きゅうり…1/2本
- オリーブ（ブラック）…1個
- パプリカ…少々

作り方
1. 豆は缶汁を切ってすり鉢でなめらかになるまでつぶし、Aで調味する。
2. 1を器に盛り、周囲に小さめの角切りにしたきゅうりを添える。オリーブをのせ、オリーブ油少々（分量外）とパプリカをふりかける。

幸せ気分がひろがる
スイーツ＆ドリンク

甘いデザートや風味豊かなドリンクは、
午後のひとときや食後に
幸せな満足感を与えてくれます。
素材の味を生かしたシンプルなスイーツ＆ドリンクで
ゆったりとした時間を楽しんで。

さつまいもモンブラン

材料（1人分）

さつまいも…80g
A
├ メープルシロップ…大さじ2
├ ラム酒…大さじ1/2
├ 生クリーム…80ml
└ シナモンパウダー…少々
カステラ…適量
バニラアイスクリーム…2すくい
黒ごまソース
├ 黒練りごま…大さじ1
├ 砂糖…大さじ1/2
└ 水…大さじ1/2

作り方

1. さつまいもは皮をむいてさっと水にさらし、ぬれたままラップをかけて電子レンジで約2分加熱する。
2. 中まで火が通ったら熱いうちにつぶし、Aを加えて裏ごしする。モンブラン用の口金か細い丸口金をつけた絞り袋に入れておく。
3. 1cm厚さに切ったカステラを皿に置き、アイスクリームを大きなスプーンですくってのせ、2を絞る。
4. 黒ごまソースの材料を混ぜ合わせ、器に点々と飾る。

arrange note

モンブランといえば、マロンクリームを細く絞ってデコレートしたスタイルが定番です。クリームの絞り袋がなかったら、クッキングシートなどを円錐状に丸めて代用してもOK。また、今回は中にバニラアイスクリームを入れましたが、好みでバナナやコーヒーなど味を変えてもおいしいです。台にしたカステラをクッキーなどに変えたり、アレンジを楽しめるスイーツです。

ふわふわパンケーキとローズヒップグレープフルーツティー

メレンゲを混ぜ込んで、ふんわりとやさしい口当たりになりました。

ふわふわパンケーキ

材料（2人分）

薄力粉…150g
ベーキングパウダー…小さじ2
塩…1つまみ
卵…2個
砂糖…大さじ2
牛乳…1/2カップ
溶かしバター大さじ1
カッテージチーズ…60g
レモン汁…小さじ2
はちみつ…大さじ1 1/2
ラズベリー…30g
砂糖…大さじ1/2

作り方

1. 薄力粉、ベーキングパウダー、塩を合わせてふるっておく。卵は卵黄と卵白に分け、卵黄には砂糖の半量と牛乳を合わせる。
2. 卵白は角が立つまで泡立て、残りの砂糖を加えて固く泡立ててメレンゲを作る。
3. 1の卵黄に2の半量を加えて混ぜ、1の粉を半量加えて木べらで切るように混ぜる。
4. 残りの2を加えて混ぜ、残りの粉も加えて粉っぽさがなくなるまで混ぜる。
5. 溶かしバターを木べらをつたわらせるようにして加え、混ぜる。
6. あればフッ素樹脂加工のフライパンを温め、5の1/4を静かに流す。直径10cmくらいの丸い形に整え、弱火で2〜3分焼く。
7. ふちが固まってきたら裏返し、ふたたび3〜4分、中まで火を通す。残りも同じようにして全部で4枚焼く。
8. カッテージチーズはレモン汁とはちみつを混ぜておく。ラズベリーは砂糖をまぶし軽くつぶす。
9. 器にパンケーキと8を盛りつける。

ローズヒップグレープフルーツティー

材料（2人分）

ローズヒップティー（ティーバッグ）…2パック
グレープフルーツ…2切れ
熱湯…200ml
氷…適量

作り方

1. ポットに薄皮をむいたグレープフルーツ、ティーバッグを入れて熱湯を注ぐ。4〜5分おいて氷を入れたグラスにグレープフルーツごと注ぐ。

幸せ気分がひろがる
スイーツ&ドリンク

ふわふわパンケーキと
ローズヒップ
グレープフルーツティー

アップルパイと
ミルクキューブ入り
アイスコーヒー

アップルパイ

材料（2人分）
りんご…1個
レモン汁…大さじ1/2
砂糖…30g
バター…大さじ1
シナモンパウダー…少々
冷凍パイシート…1枚
卵黄…少々
バニラアイスクリーム…2すくい

作り方
1. りんごは皮をむき1cm厚さのくし形に切ってレモン汁をかける。
2. フライパンに砂糖を入れて中火にかける。徐々に溶けてきつね色になってきたら、バターを加え混ぜる。
3. 2に1を汁ごと加えて炒め、りんごがしんなりとしたら取り出してシナモンパウダーをふる。
4. パイシートは半解凍にしたらコップなどで丸形に2個抜く。5mm幅の棒状のものも4本切り、オーブンシートの上にのせる。
5. 4の表面に卵黄を刷毛で薄く塗り、200℃に予熱したオーブンで10分焼き、170℃に下げて10分ほどかりっと焼く。
6. 器に丸く焼いた5のパイを置き、3をのせ、アイスクリームをすくってのせる。棒状のパイを飾り、3の汁を少々かける。

ミルクキューブ入りアイスコーヒー

材料（2人分）
牛乳…1カップ
コンデンスミルク…大さじ1 1/2
インスタントコーヒー…大さじ山盛り2
湯…1カップ
氷…5〜6個

作り方
1. 牛乳とコンデンスミルクを合わせて製氷皿や浅めの容器などに入れて凍らせる。
2. インスタントコーヒーに湯を注ぎ、氷を加えて冷やしてグラスに注ぐ。1を大きく砕いたものを浮かべる。

アップルパイと
ミルクキューブ入りアイスコーヒー
冷凍パイシートを使えば、おしゃれなデザートもかんたんです。

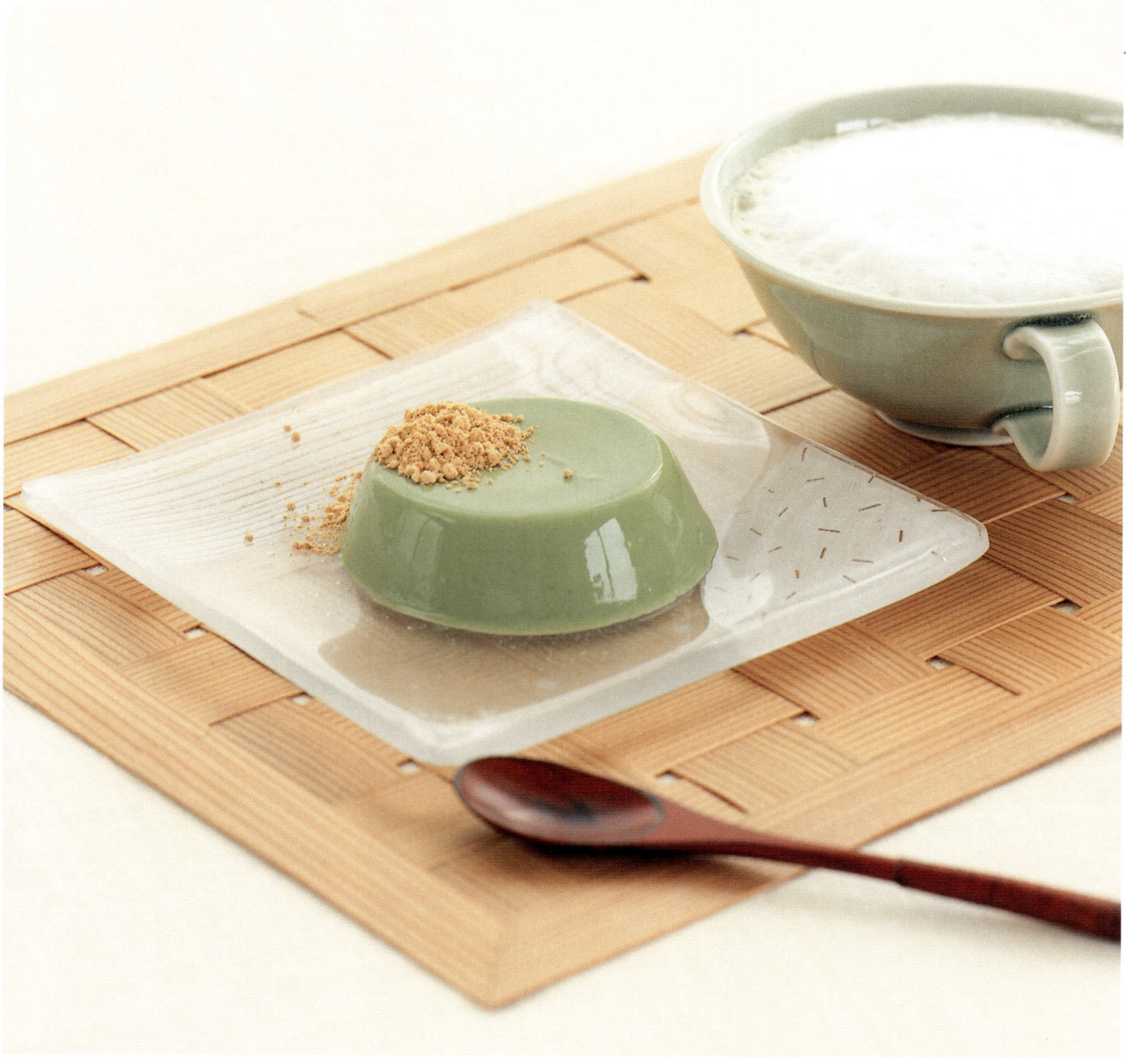

幸せ気分がひろがる
スイーツ＆ドリンク
抹茶きな粉ゼリーと
ほうじ茶のカプチーノ風

抹茶きな粉ゼリーとほうじ茶のカプチーノ風

和風デザートは、さわやかな甘さでなごみ気分を盛り上げます。

抹茶きな粉ゼリー

材料（プリン型3個分）
粉ゼラチン…5g
水…大さじ2
抹茶…大さじ1
砂糖…20g
牛乳…1カップ
生クリーム…1/4カップ
きな粉…大さじ1

作り方
1. 粉ゼラチンは水にふり入れて戻しておく。
2. ボウルに抹茶と砂糖を入れて混ぜ合わせ、牛乳を少しずつ加え混ぜたら生クリームを加える。
3. 2を一度こしてから、電子レンジで20秒ほど加熱して溶かした1を加える。
4. 3に氷水を当ててゆるくとろみがつくまで冷やしたら型に流して冷やす。
5. 型から出して器に盛り、きな粉をふる。

ほうじ茶のカプチーノ風

材料（1杯分）
ほうじ茶…大さじ山盛り1杯
熱湯…150ml
牛乳…100ml

作り方
1. ほうじ茶に熱湯を注いで30秒おき、茶こしを通してカップに注ぐ。
2. 小鍋に牛乳を入れて温め、鍋肌がぶつぶつしてきたら半分程度をカップに注ぎ、残りは泡立て器でしっかり泡立ててカップに加える。

arrange note

ほうじ茶と牛乳って意外に合うんです。ほうじ茶の香りも生きていて、牛乳が加わることでまろやかな味わいに。ほうじ茶の他に、抹茶を使ってもおいしくなりますよ。甘みがほしいときは、砂糖を足してもOK。

材料（1人分）
メレンゲ
- 卵白…1個分
- 塩…1つまみ
- 砂糖…10g

牛乳…1カップ
砂糖…10g
卵黄…1個分
ラム酒…小さじ1

カラメル
- 砂糖…15g
- 水…大さじ1

スライスアーモンド…大さじ1

作り方
1. メレンゲを作る。卵白はきれいなボウルに入れ、塩を加えて泡立て器で角が立つくらいに泡立てる。砂糖を2回に分けて加え、固く泡立てる。
2. 小鍋に牛乳と砂糖の半量を加えて弱火にかけ、ふちがぷつぷつとしてきたら1のメレンゲを大きくすくって浮かべ、途中返しながら3～4分ゆでる。メレンゲを取り出して冷蔵庫で冷やす。
3. ボウルに卵黄と残りの砂糖を入れて混ぜ、2で使った牛乳を粗熱をとってから2～3回に分けて加え、よく混ぜる。小鍋に戻して中火にかけ、混ぜながら加熱する。沸騰してとろりとしたら火を止め、ラム酒を加える。ボウルなどに移して粗熱をとり、冷やす。
4. カラメルを作る。砂糖を小鍋に入れて弱めの中火にかける。鍋を傾けながら溶かし、砂糖が焦げて泡立ってきたら水を加える（はねるので注意）。
5. 4の沸騰がおさまり、全体が混ざったら耐熱容器にあける。
6. スライスアーモンドはオーブントースターかフライパンでローストしておく。
7. 器に3を少量入れてメレンゲを浮かべ、残りの3をかけてアーモンドを散らす。カラメルを適量かける。

イルフロッタント
淡雪のようなメレンゲがソースに浮かんだかわいいスイーツ。

幸せ気分がひろがる
スイーツ＆ドリンク

イルフロッタント
巨峰のヨーグルトムース

巨峰のヨーグルトムース

ふわふわのヨーグルトムースに甘酸っぱい巨峰のシンプルな組み合わせ。

材料（4人分）

- 巨峰（あれば種なし）…16粒
- A
  - 砂糖…大さじ1 1/2
  - レモン汁…小さじ1/2
  - 水…小さじ1
- 粉ゼラチン…5g
- 水…大さじ2
- プレーンヨーグルト…100g
- 砂糖…大さじ3
- 生クリーム…1/2カップ

作り方

1. 巨峰は皮に十字の切れ目を入れて鍋に入れ、Aを加えてふたをし、弱火にかける。
2. 時々転がして5分ほど煮たら火を止めて冷まし、皮をむいておく。煮汁はとっておく。
3. 粉ゼラチンは水にふり入れてふやかす。
4. ヨーグルトは砂糖大さじ2を混ぜる。
5. 生クリームは残りの砂糖を加え、氷水を当てながら六分立てに泡立てる。
6. 3のゼラチンは電子レンジで20秒加熱して溶かし、4に少しずつ加えて混ぜる。
7. 6に5を加えてやさしく混ぜる。盛りつけの器に巨峰を1個と煮汁大さじ1を入れ、6のヨーグルトムースを入れて冷やし固める。
8. 残りの巨峰を飾る。

かぼちゃココナッツプリンとベトナムコーヒー

ココナッツを加えたベトナム風のプリンは、甘〜いベトナムコーヒーと合わせてめし上がれ。

かぼちゃココナッツプリン

材料（1個分）
- かぼちゃ…1/8個
- 卵…1個
- 砂糖…大さじ3
- 塩…1つまみ
- ココナッツミルク…1/2カップ
- ココナッツ…大さじ1
- クコの実…小さじ1

作り方
1. かぼちゃはラップをかけて電子レンジで約2分半加熱。中まで火が通ったらスプーンで実を取り、粗くつぶしておく。
2. ボウルに卵を溶き、砂糖と塩を加えて混ぜ、ココナッツミルクを加えて混ぜる。
3. 1に2を加えて混ぜ、内側にサラダ油（分量外）を薄く塗った耐熱容器に注ぐ。
4. 鍋に湯を2cmほど入れて3を入れ、ふたをして中火にかける。沸騰したら弱火にして15分ほど蒸す。器を軽くゆすって真ん中がゆれなくなったら取り出し、粗熱をとって冷やす。
5. 4を器から出し、ローストしたココナッツと水で戻したクコを散らす。

ベトナムコーヒー

材料（1杯分）
- コーヒー（深煎りタイプ）…大さじ山盛り1
- コンデンスミルク…大さじ1 1/2〜2

作り方
1. コーヒードリッパーにコーヒーを入れて中ぶたをする。
2. 耐熱グラスにコンデンスミルクを入れて1をのせる。熱湯を注ぎ、上まで注いだらふたをして落ちるのを待つ。

幸せ気分がひろがる
スイーツ&ドリンク

かぼちゃココナッツプリンと
ベトナムコーヒー
タピオカココナッツパインパフェ

タピオカココナッツパインパフェ

午後のひととき、トロピカル気分を満喫。カラフルなクロスも揃えてみたくなります。

材料（2人分）
- パールタピオカ…30g
- ココナッツミルク…1/2カップ
- 牛乳…1/2カップ
- 砂糖…20g
- パイン缶…3枚
- バニラアイスクリーム…2すくい

作り方
1. 小鍋の半分弱まで水を入れてタピオカを入れて火にかける。沸騰したら弱火にし、1時間強かけて透き通るくらいまでゆでる。水にとって冷やし、ざるに上げる（途中水がなくなったら足す）。
2. ココナッツミルク、牛乳、砂糖を混ぜて冷やす。パインは飾り用に少々残して1cm角に切る。
3. 1、2を混ぜて器に盛り、バニラアイスをのせ、飾り用のパインを飾る。

マンゴーミルク

オレンジジュースと牛乳をミックスして
さわやかな味に仕上げました。

材料（2杯分）
マンゴー…1個
オレンジジュース…100ml
牛乳…200ml
はちみつ…大さじ1/2

作り方
1. マンゴーは皮と種を取り、角切りにしてオレンジジュースとともにミキサーにかける。
2. 牛乳とはちみつを混ぜ、1とともにグラスに注ぐ。飲むときに混ぜる。

黒蜜豆乳ティー

黒蜜の香りがきいた
ちょっと和風の紅茶です。

材料（1杯分）
紅茶葉…小さじ山盛り1
熱湯…100ml
豆乳…100ml
黒蜜…大さじ1/2
シナモンスティック…1本

作り方
1. 紅茶葉に熱湯を注いで2分おき、茶こしを通してカップに注ぐ。温めた豆乳を注いで、黒蜜をふちから加え、シナモンスティックで混ぜる。

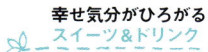

幸せ気分がひろがる
スイーツ&ドリンク
マンゴーミルク
黒蜜豆乳ティー
ハニージンジャー
ゆずはちみつ紅茶

ハニージンジャー

風邪のときにもおすすめ。
すっきりとした飲み口です。

材料（作りやすい分量）
しょうが…50g
はちみつ…100g
炭酸水、氷…各適量

作り方
1 しょうがは2mm厚さにスライスし、小さなビン（電子レンジ加熱可能なもの）などに入れてはちみつを加える。
2 1を電子レンジで約1分半加熱してそのまま冷ます。
3 グラスに2を大さじ1強入れて炭酸水を注ぐ。氷を加える。
※炭酸水の代わりに水とレモン汁でもおいしい。

ゆずはちみつ紅茶

作りおきしておけば風味づけに
便利です。

材料（作りやすい分量）
ゆず…1個
はちみつ…150g
紅茶…適量

作り方
1 ゆずは3〜4mm厚さにスライスして種を取り、小さなビン（電子レンジ加熱可能なもの）などに入れてはちみつを加える。
2 電子レンジで約2分加熱してそのまま冷ます。
3 器に紅茶を入れ、2を大さじ1弱程度加える。
※紅茶でなくお湯でもおいしい。

残り物にちょっと工夫をするだけで新しいメニューができあがります。

おかずがちょっと残ってしまったら、
別の素材を合わせて新しいメニューを作れば、
ワンプレートにぴったりのメニューができあがります。

焼き魚が余ったら
焼き魚の甘酢あんかけ

材料（2人分）
にんじん…30g
もやし…50g
水…1/2カップ
中華スープの素…小さじ1/2
A
　砂糖…小さじ2
　しょうゆ…小さじ1
　酢…小さじ2
　塩…少々
水溶き片栗粉…適量
三つ葉…1/2束
焼き魚（鮭などの塩焼き）…2切れ

作り方
1 にんじんはもやしくらいの長さの棒状に切り、水とスープの素とともに小鍋に入れて火にかける。
2 沸騰したらもやしを入れ、Aで調味し、水溶き片栗粉でとろみをつけ、最後に食べやすい長さに切った三つ葉を加えて火を止め、温めなおした魚にかける。

ひじきを少しボリュームアップ
ひじきの揚げはさみ焼き

材料（1～2人分）
ひじきの煮物…50g
油揚げ…1枚

作り方
1 油揚げの長い辺の片側に切れ目を入れて開き、ひじきの煮物をはさむ。
2 フライパンか魚焼きグリルで1の表面がかりっとなるまで焼き、食べやすく切る。

残ったハンバーグで
ロールキャベツ

材料（1人分）
キャベツ…大きめ2枚
ハンバーグ…1個
かぶ…1個
A
　水…1カップ
　ローリエ…1枚
　コンソメスープの素…1つまみ
ホワイトソース…70ｇ
塩、こしょう…各少々

作り方
1. キャベツはラップをかけて電子レンジで約1分加熱し、しんなりとしたら粗熱を取る。
2. ハンバーグは適当にほぐす。かぶはくし形切りにする。
3. キャベツの芯をそぎ取り、ハンバーグをのせて巻き込み、小鍋に入れてAを加えて火にかける。
4. 15分ほど弱火で煮てからかぶを加え、5分ほど煮たらホワイトソースを加える。
5. かぶが煮えたら最後に塩、こしょうで味をととのえる。

ドライカレーが余ったら
ドライカレーコロッケ

材料（6個分）
じゃがいも…2個
ドライカレー…3/4カップ
小麦粉、溶き卵、パン粉…各適量
揚げ油…適量

作り方
1. じゃがいもは半分に切ってラップをかけ、電子レンジで4〜5分加熱。中まで火が通ったら皮をむき、熱いうちにつぶす。
2. 1にドライカレーを加えて混ぜ、6等分にして小判形にまとめる。
3. 小麦粉、溶き卵、パン粉の順に衣をつけ、175℃の油できつね色に揚げる。

残り物にちょっと工夫をするだけで
新しいメニューができあがります。

きんぴらをエスニックメニューに
きんぴら生春巻

材料（2人分）
生春巻の皮…4枚
サニーレタス…4枚
貝割れ大根…1/2パック
きんぴらごぼう…50g
- たれ
  - マヨネーズ…大さじ1
  - ナンプラー…小さじ1
  - レモン汁…小さじ1/2

作り方
1 生春巻の皮を水でさっとぬらして戻し、サニーレタス、貝割れ大根、きんぴらを置いて包む。
2 たれの材料を混ぜ合わせて添える。

残ったミートソースでおつまみメニュー
ミートソースで揚げワンタン

材料（15個分）
ミートソース…1/2カップ
ピザ用チーズ…30g
ワンタンの皮…15枚
揚げ油…適量

作り方
1 ワンタンの皮の中央にミートソース小さじ1とチーズ少々をのせ、ふちに水をつけて包む。
2 175℃に熱した油に入れてきつね色に揚げ、油を切る。

残った煮物がカリッと揚げ物に
筑前煮でかき揚げ

材料（2人分）
筑前煮…150g
長ねぎ…10cm
てんぷら粉…大さじ4
水…大さじ3強
揚げ油…適量

作り方
1. 筑前煮は小さく切り、長ねぎは斜め切りにしててんぷら粉大さじ1を全体にまぶす。
2. 残りのてんぷら粉と水を混ぜて衣を作り、1に加えてさっくり混ぜる。
3. 170℃に熱した油にスプーンを使って2を落とし、からりと揚げる。

ふつうの野菜炒めを韓国風に
肉野菜チヂミ

材料（1～2人分）
肉野菜炒め…約200g
てんぷら粉…大さじ3
片栗粉…大さじ1
水…大さじ1～3
ごま油…大さじ1 1/2
卵…1個

たれ
　ごま油…小さじ1
　コチュジャン…小さじ1
　酢…大さじ1/2
　しょうゆ…大さじ1/2
　みりん…大さじ1/2

作り方
1. 肉野菜炒めはてんぷら粉と片栗粉をふり入れ、様子を見ながら水を加え、かき揚げ程度の固さに調整する。
2. フライパンにごま油を熱し、1を入れて薄く広げ焼いていく。ふちと裏が焼けてかりっとしてきたら、溶いた卵を広げるように流し入れて、ひっくり返す。
3. 中まで火が通ったら取り出し、食べやすく切る。たれの材料を混ぜ合わせて添える。

もう1品足したいときにはコレをどうぞ
作りおきおかず

**小さなおかずを数品盛り合わせて楽しむワンプレートごはん。
常備菜を作っておけば、時間がないときでもパッと楽しめます。**

※材料の分量はすべて作りやすい分量です。

常備菜の定番
にんじんのキンピラ

材料
にんじん…1本
ごま油…小さじ1
酒…小さじ1
塩…少々
しょうゆ…少々
白ごま…小さじ2

作り方
1 にんじんは3〜4mm幅のせん切りにする。
2 フライパンにごま油とにんじんを入れて火にかけ、炒めていく。
3 全体に油がまわったら、酒、塩を加えてにんじんがしんなりとするまで炒め、最後にしょうゆとごまを加えて火を止める。

和風プレートごはんの栄養バランスをアップ
大豆とじゃこの炒め

材料
ちりめんじゃこ…大さじ3
赤唐辛子（輪切り）…少々
大豆ドライパック缶…100ｇ
ごま油…大さじ1
にんにく（みじん切り）…1かけ
塩、こしょう、しょうゆ…各少々

作り方
1 ごま油とにんにくをフライパンに入れて中火にかける。
2 香りが出てきたらじゃこと赤唐辛子を加えてじゃこがかりっとなるまで炒める。
3 大豆を加え、表面が乾いてきたら、塩、こしょう、しょうゆを加えて全体にからめ、火を止めてバットに広げて冷ます。

ザーサイとごま油で中華風に
ぜんまいの炒め煮

材料
ぜんまいの水煮…250g
ザーサイ（味つけ）…50g
ごま油…大さじ1/2
赤唐辛子（輪切り）…少々
中華スープの素…小さじ1/3
しょうゆ…大さじ1/2
みりん…大さじ1/2
塩、こしょう…各少々
白ごま…少々

作り方
1 ぜんまいは熱湯にくぐらせて水気を切り、食べやすく半分の長さに切る。
2 ザーサイは粗く刻んでおく。
3 フライパンにごま油を熱してぜんまい、赤唐辛子を炒める。全体に油がまわったらザーサイを加え、水大さじ2（分量外）、中華スープの素、しょうゆ、みりんを加える。汁気がなくなるまで炒めたら最後に塩、こしょうで味をととのえ、ごまをふる。

ほのかな八角の風味
切干大根のしょうゆ漬け

材料（6個分）
切干大根（あれば太めのもの）…30g
A
　しょうゆ…大さじ2
　砂糖…大さじ1/2
　酢…大さじ1/2
　みりん…大さじ1
　八角…1かけ

作り方
1 切干大根はさっと水洗いして熱湯にくぐらせ、水気を切る。長いようなら切る。
2 保存バッグなどにAを入れて混ぜ、1を加える。2〜3時間おいて味をしみ込ませる。

もう1品足したいときにはコレをどうぞ
作りおきおかず

肉料理とのつけ合わせにも活躍
野菜のピクルス

材料
にんじん…1/2本
カリフラワー…1/2個
セロリ…1/2本
きゅうり…1本
A
　白ワイン…1カップ
　白ワイン酢…大さじ3
　砂糖…大さじ1
　塩…小さじ1
　ローリエ…1枚

作り方
1 野菜はすべて食べやすく一口大に切る。
2 鍋にAを入れて火にかける。沸騰したら、にんじん、カリフラワーを加え、1分ほど加熱。次にセロリときゅうりを加え、沸騰したら火を止める。
3 熱いまま汁ごと耐熱の保存容器に入れて冷ましておく。冷めたら冷蔵庫で保存する。

肉、魚料理のアクセントに
プルーンワイン煮

材料
ドライプルーン…150g
A
　赤ワイン…1カップ
　砂糖…大さじ2
　シナモンスティック…1本
干し杏…50g

作り方
1 プルーンは湯をかけてざるに上げておく。
2 鍋にAを入れて火にかけ、沸騰したらプルーンと杏を加える。
3 再び沸騰したら火を止めて冷ます。

パンにつけたり、肉、魚のソースにも
タプナード

材料
バジル…2枝
パセリ…2枝
黒オリーブ…15粒
ケイパー…大さじ1/2
アンチョビ…10〜15枚
にんにく…1/2かけ
オリーブ油…大さじ2
こしょう…少々

作り方
1 バジル、パセリは葉を摘んで細かくみじん切りに。オリーブは種を取り、ケイパーと細かく刻む。アンチョビはたたいておく。にんにくはすりおろす。
2 1とオリーブ油、こしょうを混ぜる。塩味はアンチョビで調節する。

ほのかな酸味でおなかもすっきり
なすの南蛮漬け

材料（6個分）
なす…4本
揚げ油…適量
A
　しょうがのせん切り…1かけ
　しょうゆ…大さじ1 1/2
　砂糖…大さじ1/2
　酢…大さじ1
　かつおぶし…2g
　ごま油…小さじ1
　赤唐辛子（輪切り）…少々

作り方
1 なすはヘタを取って縦横に包丁を入れて4等分に。170℃に熱した揚げ油になすを入れ、箸ではさんでやわらかくなるまで揚げ、しっかり油を切る。
2 Aを合わせた中に揚げたての1を浸す。冷めて味がしみ込んだらできあがり。

「かわいい」をわが家に

ワンプレートごはんに使いたいテーブルウエア

新しい食器をおろすだけでも、
ふだんの食事が特別な一皿になったような感じがしませんか？
お気に入りの一皿を見つけたらなおさらのこと。そんな一枚が見つかるように、
ワンプレートごはんにおすすめのテーブルウエアを少し、ご紹介します。

お皿だけを使ってもいいし、お茶碗、小鉢を組み合わせてもOK。シンプルな白の粉引きの器なら、和食はもちろん、洋風でもおしゃれになりますよ。

Plate
プレート

ディナー皿くらいの大きめのお皿で、白っぽい色が料理と合わせやすいのでおすすめです。

角に丸みのある長方形の洋皿。トマトソース系の料理が映えそう。

シンプルな円いディナー皿。縁に立ち上がりがあるので汁気のあるものもOK。

絵柄のあるお皿は、料理の雰囲気とコーディネートして使うと楽しそう。

手作り風でこぼこ感がかわいい黒い皿。黒の器は、クリーム煮などに似合います。

和風の焼き物ですが、八角形でモダンな印象。和洋いずれもおしゃれに見せます。

長方形の和風の皿は、盛りつけの工夫で料理をよりおいしそうに見せてくれます。

正方形の貫入の皿は、エスニックをおしゃれに演出してくれそう。

バナナの葉を模したようなレリーフがきれいなエスニック系のお皿です。

中華や韓国料理におすすめの花のレリーフ入りのお皿です。

Tray
トレー

プレートだけでなく、こんなトレーを使ってもワンプレート風を楽しめます。
ひとり分のランチをセットするのもかわいいですよ。

小さめの籐のトレー。ブラウンとナチュラルの2色。朝食のトレーにぴったり。

板をつなげた素朴な印象のトレー。タイやベトナムなど、アジアン料理に似合います。

小さな格子の木のトレーは、和洋どちらにも使えそうなモダンなタイプ。

シンプルな木のトレー。これも和洋どちらにもむいています。

大胆なストライプのプラスチックトレー。料理をカフェ風に見せてくれそう。

鮮やかなオレンジのプラスチックトレー。ポップな印象で料理を華やかに演出します。

アジアンテイストのロゴが楽しいアルミトレー。アンティークな雰囲気がおしゃれ。

カトラリーのペイントの木のトレー。パンをのせるだけでも絵になりそう。

シルバーカラーのアルミトレー。コーヒーとケーキにおすすめのサイズです。

Combination

組み合わせを楽しんで

汁気の多いものをワンプレートにのせたいときは、小鉢などの小さい器を合わせます。
いろいろな組み合わせを楽しんでみてください。

大小の器をプレートの色調と合わせてのせてみました。材質を揃えることがポイントです。

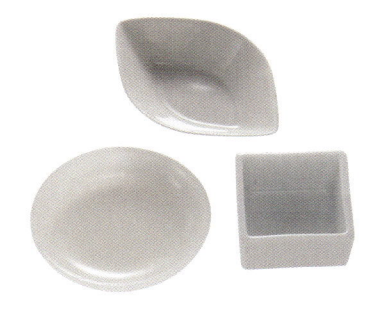

丸だけでなく、四角や楕円など、いろいろな形の小さな器も活躍します。

同じシリーズの器の大小を組み合わせれば、カフェ風が、こんなにかんたん！

朝食やブランチ、ティーブレイクにぴったりのカップとセットのプレート。

ふだんのプレートにレースペーパーを敷くと、新しい印象に。ブランチにおすすめ。

深さのあるバスケットでもパンやスイーツなどのセットに活躍しそう。

材料別料理名さくいん
INDEX

(デザートとドリンクメニューは除きます)

野菜類

●青じそ
- 梅じゃこごはん ……… 43
- 水菜と大根のサラダ ……… 48
- サーモン寿司 ……… 52
- しそ巻きエビ天ぷら ……… 77

●青唐辛子
- みそ焼きおむすび ……… 55

●赤ピーマン
- ガパオライス ……… 62
- タイビーフンのオイスターソース炒め ……… 64
- カレービーフン ……… 69

●アボカド
- チキンとアボカドサンドイッチ ……… 14
- メキシコ風サラダ ……… 72
- 豆とアボカドのサラダ ……… 83

●アルファルファ
- チキンとアボカドサンドイッチ ……… 14

●いんげん
- 温野菜蒸し煮 ……… 16
- ボリュームサラダ ……… 24
- 野菜のごまマヨネーズ ……… 27
- 根菜の和風炒め ……… 38
- 汁なし混ぜそば ……… 68

●おくら
- 切干大根のハリハリ ……… 44
- マグロねばねば丼 ……… 51
- おくらの煮込み ……… 73

●貝割れ大根
- 豚しゃぶおろしソース ……… 43
- きんぴら生春巻 ……… 98

●かぶ
- 菜飯おむすび ……… 55
- ロールキャベツ ……… 97

●かぼちゃ
- かぼちゃのひき肉炒め煮 ……… 42

●カリフラワー
- 温野菜蒸し煮 ……… 16
- トマトソースのパスタ ……… 30
- 温野菜の豆腐ディップ ……… 36
- 野菜のピクルス ……… 102

●きのこ
- ほうれん草とベーコンのキッシュ ……… 10
- ふるふるオムライス・きのこソース ……… 15
- スクランブルエッグトースト ……… 32
- 焼ききのこ ……… 44
- いろいろ串揚げ ……… 50
- カレービーフン ……… 69

●絹さや
- 肉みそうどん ……… 48
- ゆるゆる茶碗蒸し ……… 51

●キャベツ
- キャベツのアンチョビソース ……… 10
- キャベツサラダ ……… 46
- そうめんの野菜あんかけ焼きそば ……… 49
- スティック野菜 ……… 50
- メキシコ風サラダ ……… 72
- 焼き餃子 ……… 76
- ロールキャベツ ……… 97

●きゅうり
- りんご入りポテトサラダ ……… 13
- 野菜のドレッシングあえ ……… 25
- ピクルス ……… 26
- 酢の物 ……… 36
- キャベツサラダ ……… 46
- スティック野菜 ……… 50
- サーモン寿司 ……… 52
- タコときゅうりのからしあえ ……… 76
- きゅうりのピリ辛 ……… 77
- 豆のペースト ……… 83
- 野菜のピクルス ……… 102

●グリーンアスパラ
- トマトソースのパスタ ……… 30
- アスパラと半熟卵の温サラダ ……… 33
- いろいろ串揚げ ……… 50

●グリーンピース
- ひき肉とグリーンピースのカレー ……… 74
- ねぎ卵チャーハン ……… 76
- グリーンピースコロッケ入りピタサンド ……… 78

●クレソン
- ベトナム風サラダ ……… 65

●ごぼう
- 根菜の和風炒め ……… 38

●さつまいも
- さつまいもごはん ……… 44
- おからコロッケ ……… 54

●ししとう
- 焼ききのこ ……… 44

●じゃがいも
- りんご入りポテトサラダ ……… 13
- フライドポテト ……… 14
- じゃがいもグラタン ……… 16
- ベイクドポテトと玉ねぎ ……… 20
- ボリュームサラダ ……… 24
- 野菜のドレッシングあえ ……… 25
- ベーコン、ほうれん草、じゃがいものココット焼き ……… 32
- じゃがいものチヂミ ……… 58
- ドライカレーコロッケ ……… 97

●香菜
- アサリのレモングラス蒸し ……… 62
- タイ風さつま揚げ ……… 64
- 揚げ春巻き ……… 65
- ベトナム風サラダ ……… 65
- ザーサイピータン豆腐丼 ……… 77
- 野菜入りオムレツサルサソース ……… 82

●春菊
- 春菊と干物のあえもの ……… 46

●ズッキーニ
- マリネ野菜のグリル焼き ……… 22
- ズッキーニのクリームチーズサンド揚げ ……… 28

●セロリ
- 野菜スープ ……… 22
- ドライカレー ……… 26
- ピクルス ……… 26
- 豚しゃぶおろしソース ……… 43
- スティック野菜 ……… 50
- ベトナム風サラダ ……… 65
- ジャンバラヤ ……… 73
- 焼き餃子 ……… 76
- 野菜のピクルス ……… 102

●ぜんまい
- ぜんまいの炒め煮 ……… 101

●大根
- 野菜のごまマヨネーズ ……… 27
- 根菜の和風炒め ……… 38
- 豚しゃぶおろしソース ……… 43
- 水菜と大根のサラダ ……… 48
- 大根のカリカリ漬け ……… 51
- 大根牛肉煮 ……… 58

●玉ねぎ
- ほうれん草とベーコンのキッシュ ……… 10
- ふるふるオムライス・きのこソース ……… 15
- じゃがいもグラタン ……… 16
- 温野菜蒸し煮 ……… 16
- ハンバーグのホイル包み焼き ……… 20
- ベイクドポテトと玉ねぎ ……… 20
- 野菜スープ ……… 22
- ボリュームサラダ ……… 24
- ローストポーク ……… 25

108

ドライカレー …………………………26	なすのサラダ …………………………78	温野菜蒸し煮 …………………………16
オニオンリングフライ ………………27	なすの南蛮漬け ………………………103	温野菜の豆腐ディップ ………………36
具だくさんオムレツ …………………28	●長いも	ブロッコリーのごまあえ ……………43
卵とトマトソースのオーブン焼き …33	マグロねばねば丼 ……………………51	●ベルギーチコリ
肉みそうどん …………………………48	●にがうり	ボリュームサラダ ……………………24
そうめんの野菜あんかけ焼きそば …49	ポークソーセージとにがうりののっけごはん ……53	●ほうれん草
ひじきと枝豆のポン酢あえ …………49	●にら	ほうれん草とベーコンのキッシュ …10
おからコロッケ ………………………54	タコキムチチャーハン ………………58	ベーコン、ほうれん草、じゃがいものココット焼き ……32
ガパオライス …………………………62	●にんじん	青菜のおひたし ………………………40
タイビーフンのオイスターソース炒め …64	温野菜蒸し煮 …………………………16	ビビンバ ………………………………60
カレービーフン ………………………69	野菜のドレッシングあえ ……………25	●水菜
鶏と野菜のトマト煮 …………………70	ドライカレー …………………………26	水菜と大根のサラダ …………………48
メキシコ風サラダ ……………………72	温野菜の豆腐ディップ ………………36	●ミックスサラダ（ベビーリーフ）
ジャンバラヤ …………………………73	根菜の和風炒め ………………………38	生ハムサラダのポーチドエッグ ……33
おくらの煮込み ………………………73	キャベツサラダ ………………………46	●三つ葉
ひき肉とグリーンピースのカレー …74	肉みそうどん …………………………48	そうめんの野菜あんかけ焼きそば …49
玉ねぎのサラダ ………………………74	そうめんの野菜あんかけ焼きそば …49	三つ葉と鶏のあえもの ………………52
焼き餃子 ………………………………76	スティック野菜 ………………………50	焼き魚の甘酢あんかけ ………………96
グリーンピースコロッケ入りピタサンド ……78	おからコロッケ ………………………54	●みょうが
ナシゴレン ……………………………80	ビビンバ ………………………………60	ひじきと枝豆のポン酢あえ …………49
タコス …………………………………82	鶏と野菜のトマト煮 …………………70	●紫キャベツ
●青梗菜	焼き魚の甘酢あんかけ ………………96	豆と野菜のサラダ ……………………70
ポークソーセージとにがうりののっけごはん ……53	にんじんのきんぴら …………………100	●紫玉ねぎ
ゆで野菜 ………………………………66	野菜のピクルス ………………………102	豆とアボカドのサラダ ………………83
●豆苗	●ハーブ	●もやし
豆苗炒め ………………………………81	ハーブとモツァレラチーズのオーブンオムレツ ……33	ビビンバ ………………………………60
●とうもろこし（ホールコーン含む）	タプナード ……………………………103	タイビーフンのオイスターソース炒め …64
とうもろこしごはん …………………46	●パプリカ	汁なし混ぜそば ………………………68
メキシコ風サラダ ……………………72	マリネ野菜のグリル焼き ……………22	焼き魚の甘酢あんかけ ………………96
●トマト	ピクルス ………………………………26	●山いも
フォカッチャのホットサンド ………13	野菜のごまマヨネーズ ………………27	山いもねぎ焼き ………………………42
チキンとアボカドサンドイッチ ……14	具だくさんオムレツ …………………28	●ラディッシュ
焼きなすのマリネ ……………………18	ジャンバラヤ …………………………73	水菜と大根のサラダ …………………48
野菜スープ ……………………………22	タコス …………………………………82	●レモングラス
ボリュームサラダ ……………………24	●万能ねぎ	アサリのレモングラス蒸し …………62
ドライカレー …………………………26	納豆の揚げ包み焼き …………………38	ナシゴレン ……………………………80
焼きトマトとベーコン、スクランブルエッグのせ …32	山いもねぎ焼き ………………………42	●レタス
ベトナム風サラダ ……………………65	三つ葉と鶏のあえもの ………………52	ボリュームサラダ ……………………24
鶏と野菜のトマト煮 …………………70	ツナカレーおむすび …………………55	生ハムサラダのポーチドエッグ ……33
豆と野菜のサラダ ……………………70	じゃがいものチヂミ …………………58	ベトナム風サラダ ……………………65
ジャンバラヤ …………………………73	カレービーフン ………………………69	牛肉のみそ炒めのレタス包み ………66
おくらの煮込み ………………………73	●ビーツ（缶詰）	タコス …………………………………82
ひき肉とグリーンピースのカレー …74	野菜のドレッシングあえ ……………25	豆とアボカドのサラダ ………………83
野菜入りオムレツサルサソース ……82	●ピーマン	きんぴら生春巻き ……………………98
ひよこ豆とひき肉のカレー煮 ………83	ドライカレー …………………………26	●れんこん
●長ねぎ	具だくさんオムレツ …………………28	ベトナム風サラダ ……………………65
春菊と干物のあえもの ………………46	卵とトマトソースのオーブン焼き …33	
ねぎ卵チャーハン ……………………76	ピーマンと油揚げのくたくた煮 ……54	**豆類**
●なす	鶏と野菜のトマト煮 …………………70	
焼きなすのマリネ ……………………18	タコス …………………………………82	
米なす田楽 ……………………………38	野菜入りオムレツサルサソース ……82	●いんげん豆
なすの揚げ煮 …………………………52	●ブロッコリー	豆のペースト …………………………83
ビビンバ ………………………………60	ブロッコリーとベーコンのサラダ …12	●枝豆

109

ひじきと枝豆のポン酢あえ …… 49
●キドニービーンズ
メキシコ風サラダ …… 72
豚肉と豆の煮込み …… 83
●大豆
大豆とじゃこの炒め …… 100
●ひよこ豆
鶏と野菜のトマト煮 …… 70
ひよこ豆とひき肉のカレー煮 …… 83
●ミックス豆（ドライ缶）
豆と野菜のサラダ …… 70
豆とアボカドのサラダ …… 83

果物

●杏（ドライ）
プルーンワイン煮 …… 102
●いちじく
いちじくのコンポート …… 15
●キウイフルーツ
フルーツヨーグルト …… 12
●バナナ
フルーツヨーグルト …… 12
●プルーン（ドライ）
プルーンワイン煮 …… 102
●りんご
りんご入りポテトサラダ …… 13

大豆製品

●厚揚げ
根菜の和風炒め …… 38
●油揚げ
納豆の揚げ包み焼き …… 38
ピーマンと油揚げのくたくた煮 …… 54
ひじきの揚げはさみ焼き …… 96
●おから
おからコロッケ …… 54
●豆腐
温野菜の豆腐ディップ …… 36
冷奴 …… 50
ザーサイピータン豆腐丼 …… 77
●納豆
納豆の揚げ包み焼き …… 38
納豆巻きおむすび …… 55

魚介類

●アサリ
ゆるゆる茶碗蒸し …… 51

アサリのレモングラス蒸し …… 62
●アジ（干物も含む）
春菊と干物のあえもの …… 46
●アンチョビ
キャベツのアンチョビソース …… 10
ボリュームサラダ …… 24
タプナード …… 103
●イカ
イカのトマト煮 …… 28
ミックスフライ …… 30
●エビ
ミックスフライ …… 30
ゆるゆる茶碗蒸し …… 51
しそ巻きエビ天ぷら …… 77
ナシゴレン …… 80
●オイルサーディン
フォカッチャのホットサンド …… 13
●カジキ
カジキのベーコン巻き …… 28
●鮭
鮭のムニエル、ホワイトソース …… 22
焼き鮭 …… 40
●シーフードミックス（冷凍）
シーフードクリームのオムレツ …… 32
カレービーフン …… 69
●スモークサーモン
サーモン寿司 …… 52
●すり身（タラ、イワシなど）
タイ風さつま揚げ …… 64
●タコ
タコキムチチャーハン …… 58
タコときゅうりのからしあえ …… 76
●たらこ
串団子風おむすび …… 55
●ツナ（缶詰）
ツナカレーおむすび …… 55
メキシコ風サラダ …… 72
●はんぺん
はんぺんのすまし汁 …… 52
●ブリ
ブリ照焼き …… 36
●ホタテ
いろいろ串揚げ …… 50
●マグロ
マグロねばねば丼 …… 51
●明太子
いろいろ串揚げ …… 50

肉類

●牛肉
ハンバーグのホイル包み焼き …… 20

ステーキライス …… 27
大根牛肉煮 …… 58
牛肉のみそ炒めのレタス包み …… 66
タコス …… 82
●鶏肉
チキンとアボカドサンドイッチ …… 14
ふるふるオムライス・きのこソース …… 15
ローストチキン …… 16
鶏つくね磯辺焼き …… 44
チキン南蛮 …… 46
肉みそうどん …… 48
いろいろ串揚げ …… 50
三つ葉と鶏のあえもの …… 52
ピリ辛ごまそぼろおむすび …… 55
鶏と野菜のトマト煮 …… 70
ジャンバラヤ …… 73
タンドリーチキン …… 74
ナシゴレン …… 80
海南チキンライス …… 81
●豚肉
ローストポーク …… 25
山いもねぎ焼き …… 42
豚しゃぶおろしソース …… 43
そうめんの野菜あんかけ焼きそば …… 49
いろいろ串揚げ …… 50
豚肉のキムチ巻き …… 60
ガパオライス …… 62
揚げ春巻き …… 65
汁なし混ぜそば …… 68
スペアリブの甘辛焼き …… 69
ひき肉とグリーンピースのカレー …… 74
焼き餃子 …… 76
豚肉と豆の煮込み …… 83
●合びき肉
ドライカレー …… 26
かぼちゃのひき肉炒め煮 …… 42
ひよこ豆とひき肉のカレー煮 …… 83
●ハム・ベーコン・ソーセージ
ほうれん草とベーコンのキッシュ …… 10
ブロッコリーとベーコンのサラダ …… 12
じゃがいもグラタン …… 16
野菜スープ …… 22
ボリュームサラダ …… 24
具だくさんオムレツ …… 28
カジキのベーコン巻き …… 28
焼きトマトとベーコン、スクランブルエッグのせ …… 32
ベーコン、ほうれん草、じゃがいものココット焼き …… 32
卵とトマトソースのオーブン焼き …… 33
生ハムサラダのポーチドエッグ …… 33
ポークソーセージとにがうりののっけごはん …… 53
ジャンバラヤ …… 73

穀類

●うどん
肉みそうどん …………………………………… 48

●ごはん
ふるふるオムライス・きのこソース ………… 15
ドライカレー …………………………………… 26
ステーキライス ………………………………… 27
雑穀おむすび …………………………………… 36
おむすび ………………………………………… 40
梅じゃこごはん ………………………………… 43
さつまいもごはん ……………………………… 44
とうもろこしごはん …………………………… 46
マグロねばねば丼 ……………………………… 51
サーモン寿司 …………………………………… 52
ポークソーセージとにがうりののっけごはん … 53
ツナカレーおむすび …………………………… 55
串団子風おむすび ……………………………… 55
ピリ辛ごまそぼろおむすび …………………… 55
みそ焼きおむすび ……………………………… 55
菜飯おむすび …………………………………… 55
納豆巻きおむすび ……………………………… 55
タコキムチチャーハン ………………………… 58
ビビンバ ………………………………………… 60
ガパオライス …………………………………… 62
ジャンバラヤ …………………………………… 73
ねぎ卵チャーハン ……………………………… 76
ザーサイピータン豆腐丼 ……………………… 77
ナシゴレン ……………………………………… 80
海南チキンライス ……………………………… 81

●そうめん
そうめんの野菜あんかけ焼きそば …………… 49

●そば
ざるそば ………………………………………… 54

●中華麺
汁なし混ぜそば ………………………………… 68

●ナン
ひき肉とグリーンピースのカレー …………… 74

●パン
フレンチトースト ……………………………… 12
フォカッチャのホットサンド ………………… 13
チキンとアボカドサンドイッチ ……………… 14
スクランブルエッグトースト ………………… 32
グリーンピースコロッケ入りピタサンド …… 78

●トルティーヤ
タコス …………………………………………… 82

●ビーフン
タイビーフンのオイスターソース炒め ……… 64
カレービーフン ………………………………… 69

●パスタ
ラザニア ………………………………………… 18
鮭のムニエル、ホワイトソース ……………… 22
トマトソースのパスタ ………………………… 30

●ピザクラスト
ひよこ豆とひき肉のカレー煮 ………………… 83

●ワンタンの皮
ミートソースで揚げワンタン ………………… 98

漬物

●梅干
梅じゃこごはん ………………………………… 43

●キムチ
タコキムチチャーハン ………………………… 58
豚肉のキムチ巻き ……………………………… 60

●ザーサイ
汁なし混ぜそば ………………………………… 68
ザーサイピータン豆腐丼 ……………………… 77
ぜんまいの炒め煮 …………………………… 101

乾物

●切干大根
切干大根のハリハリ …………………………… 44
切干大根のしょうゆ漬け …………………… 101

●桜エビ
根菜の和風炒め ………………………………… 38
山いもねぎ焼き ………………………………… 42

●ちりめんじゃこ
梅じゃこごはん ………………………………… 43
水菜と大根のサラダ …………………………… 48
菜飯おむすび …………………………………… 55
大豆とじゃこの炒め ………………………… 100

●春雨
揚げ春巻き ……………………………………… 65

●生春巻きの皮
揚げ春巻き ……………………………………… 65
きんぴら生春巻き ……………………………… 98

●干ししいたけ
肉みそうどん …………………………………… 48
牛肉のみそ炒めのレタス包み ………………… 66

●ひじき
ひじきと枝豆のポン酢あえ …………………… 49

卵

ほうれん草とベーコンのキッシュ …………… 10
フレンチトースト ……………………………… 12
ふるふるオムライス・きのこソース ………… 15
ボリュームサラダ ……………………………… 24
具だくさんオムレツ …………………………… 28
スクランブルエッグトースト ………………… 32
焼きトマトとベーコン、スクランブルエッグのせ … 32
ベーコン、ほうれん草、じゃがいものココット焼き … 32
シーフードクリームのオムレツ ……………… 32
アスパラと半熟卵の温サラダ ………………… 33
卵とトマトソースのオーブン焼き …………… 33
生ハムサラダのポーチドエッグ ……………… 33
ハーブとモツァレラチーズのオープンオムレツ …… 33
玉子焼き ………………………………………… 40
肉みそうどん …………………………………… 48
ゆるゆる茶碗蒸し ……………………………… 51
はんぺんのすまし汁 …………………………… 52
串団子風おむすび ……………………………… 55
ガパオライス …………………………………… 62
ねぎ卵チャーハン ……………………………… 76
ザーサイピータン豆腐丼 ……………………… 77
ナシゴレン ……………………………………… 80
野菜入りオムレツサルサソース ……………… 82
肉野菜チヂミ …………………………………… 99

乳製品

●牛乳
ほうれん草とベーコンのキッシュ …………… 10
フレンチトースト ……………………………… 12

●クリームチーズ
ズッキーニのクリームチーズサンド揚げ …… 28

●モツァレラチーズ
ハーブとモツァレラチーズのオープンオムレツ …… 33

●チーズ
ほうれん草とベーコンのキッシュ …………… 10
フォカッチャのホットサンド ………………… 13
チキンとアボカドサンドイッチ ……………… 14
じゃがいもグラタン …………………………… 16
ラザニア ………………………………………… 18
アスパラと半熟卵の温サラダ ………………… 33
卵のトマトソースのオーブン焼き …………… 33
いろいろ串揚げ ………………………………… 50
じゃがいものチヂミ …………………………… 58
タコス …………………………………………… 82
ミートソースで揚げワンタン ………………… 98

●生クリーム
ほうれん草とベーコンのキッシュ …………… 10
じゃがいもグラタン …………………………… 16

●ヨーグルト
フルーツヨーグルト …………………………… 12
タンドリーチキン ……………………………… 74
グリーンピースコロッケ入りピタサンド …… 78
豆のペースト …………………………………… 83

料理
井上由香理（いのうえ　ゆかり）

1967年、北海道生まれ。管理栄養士。病院栄養士として勤務の後、フードコーディネーターとして独立。家庭料理からスイーツまで幅広くこなし、ヘルシーでおしゃれな料理に定評がある。著書に『食べているうちに血液サラサラ最強メニュー』（講談社）、『野菜コトコト　スープ！スープ！』、『ひとり鍋＋ふたり鍋』、『おいしい・楽しいおべんとう100箱』（いずれも成美堂出版）がある。

スタッフ
撮影　　　　小林洋治
デザイン　　藤田朋子
スタイリング　林めぐみ（パケットコーポレーション）
企画・編集　成美堂出版編集部（新倉砂穂子、斉田麻理子）
　　　　　　小石幸子（アクア）

Special thanks!
10、13、15、77ページでお皿の下に使用した布は、アトリエ・アンカーペグのSeikoさんからお借りしました。北欧テイストのすてきな織物を制作しているグループです。
http://homepage3.nifty.com/anchor-peg/scanindex.htm

今日はワンプレートごはん

料　理　　井上由香理（いのうえ　ゆかり）
発行者　　深見悦司
発行所　　成美堂出版
　　　　　〒162-8445　東京都新宿区新小川町1-7
　　　　　電話(03)5206-8151　FAX(03)5206-8159
印　刷　　凸版印刷株式会社

©SEIBIDO SHUPPAN 2008　PRINTED IN JAPAN
ISBN978-4-415-30303-1
落丁・乱丁などの不良本はお取り替えします
定価はカバーに表示してあります

・本書および本書の付属物は、著作権法上の保護を受けています。
・本書の一部あるいは全部を、無断で複写、複製、転載することは禁じられております。